Olivier Moulin

Chroniques pour une vie transformée

Olivier Moulin

Chroniques pour une vie transformée

Chaque jour, des clés simples et pratiques pour rentrer dans votre destinée

Éditions Croix du Salut

Impressum / Mentions légales
Bibliografische Information der Deutschen Nationalbibliothek: Die Deutsche Nationalbibliothek verzeichnet diese Publikation in der Deutschen Nationalbibliografie; detaillierte bibliografische Daten sind im Internet über http://dnb.d-nb.de abrufbar.
Alle in diesem Buch genannten Marken und Produktnamen unterliegen warenzeichen-, marken- oder patentrechtlichem Schutz bzw. sind Warenzeichen oder eingetragene Warenzeichen der jeweiligen Inhaber. Die Wiedergabe von Marken, Produktnamen, Gebrauchsnamen, Handelsnamen, Warenbezeichnungen u.s.w. in diesem Werk berechtigt auch ohne besondere Kennzeichnung nicht zu der Annahme, dass solche Namen im Sinne der Warenzeichen- und Markenschutzgesetzgebung als frei zu betrachten wären und daher von jedermann benutzt werden dürften.

Information bibliographique publiée par la Deutsche Nationalbibliothek: La Deutsche Nationalbibliothek inscrit cette publication à la Deutsche Nationalbibliografie; des données bibliographiques détaillées sont disponibles sur internet à l'adresse http://dnb.d-nb.de.
Toutes marques et noms de produits mentionnés dans ce livre demeurent sous la protection des marques, des marques déposées et des brevets, et sont des marques ou des marques déposées de leurs détenteurs respectifs. L'utilisation des marques, noms de produits, noms communs, noms commerciaux, descriptions de produits, etc, même sans qu'ils soient mentionnés de façon particulière dans ce livre ne signifie en aucune façon que ces noms peuvent être utilisés sans restriction à l'égard de la législation pour la protection des marques et des marques déposées et pourraient donc être utilisés par quiconque.

Coverbild / Photo de couverture: www.ingimage.com

Verlag / Editeur:
Éditions Croix du Salut
ist ein Imprint der / est une marque déposée de
AV Akademikerverlag GmbH & Co. KG
Heinrich-Böcking-Str. 6-8, 66121 Saarbrücken, Deutschland / Allemagne
Email: info@editions-croix.com

Herstellung: siehe letzte Seite /
Impression: voir la dernière page
ISBN: 978-3-8416-9873-5

Copyright / Droit d'auteur © 2013 AV Akademikerverlag GmbH & Co. KG
Alle Rechte vorbehalten. / Tous droits réservés. Saarbrücken 2013

*Chroniques pour
Une vie
Transformée*

« *Des clés simples et pratiques pour votre vie de tous les jours* »

- *Olivier Moulin* -

Les versets bibliques dont la version n'est pas précisée sont extraits de la bible Louis Segond. Les initiales entre parenthèses (FC) signifient que les versets sont extraits de la bible Français Courant.

Aimez ce jour

« Ne vous inquiétez donc pas du lendemain, car le lendemain aura soin de lui-même. A chaque jour suffit sa peine. » Mathieu 6.34

L'une des raisons pour lesquelles les gens ne sont pas heureux est qu'ils ne savent pas apprécier chaque journée qui vient. Ils vivent sans cesse dans le passé, le lendemain ou les années à venir, mais ils ne savent pas vivre l'instant présent.

Certains pensent « Vivement la fin de la journée », « Vivement la retraite », « Vivement que je sois marié », et ils vivent continuellement frustrés.

Le Seigneur nous donne Sa grâce et Sa capacité pour vivre cette journée, et non celle de demain. Chaque jour est un don de Dieu dont nous devrions pleinement profiter.

Ainsi, levez le pied et prenez le temps d'aimer cette journée. Ne soyez pas sans cesse projeté dans l'avenir mais vivez un jour à la fois.

N'ayez pas non plus un regard blasé sur les petites choses de la vie mais laissez-vous attirer par elles. Sachez apprécier le champ des oiseaux, ce levé du soleil ou ce ciel étoilé. Dites à vos enfants ou votre épouse que vous les aimez, et ne considérez pas tout comme acquis.

Trop souvent, nous ne savons pas reconnaître ce qui est à nous et cela fait de nous d'éternels insatisfaits.

Certains, par exemple, se plaignent de recevoir du courrier et disent « A tous les coups, ça va être des factures », mais lorsque le facteur est en grève, ils se plaignent de ne pas avoir de courrier.

D'autres disent « Je serai heureux lorsque j'aurai des enfants », mais lorsqu'ils en ont ils disent « Ils sont si durs, vivement qu'ils quittent la maison ». Ensuite, lorsque ces enfants ont quitté la maison, ils disent « Que la vie était belle lorsqu'ils étaient là, je suis si seul maintenant. »

Des enfants se plaignent de leurs vieux parents, leurs manies les agacent, mais lorsqu'ils ont disparu, ils les pleurent.

Ne soyez pas ingrats et reconnaissez vos privilèges. Certains donneraient tout pour avoir votre travail, vos enfants, une famille. Ne critiquez pas vos proches mais profitez plutôt pleinement du temps que vous passez en leur compagnie. Moïse dit :

> *« Enseigne-nous à compter nos jours, afin que nous conduisions nos vies avec sagesse. »* Psaumes 90.12

Alors que je collectais les boîtes à lettres pour la Poste, un monsieur de quatre vingt dix ans est venu un jour à moi accompagné de sa fille de soixante dix ans. J'ai senti entre eux un amour et une tendresse extraordinaire. Ils étaient tous deux plus proches de la fin de leur vie que du début et prenaient conscience de la valeur de la vie.

Je ne les connaissais pas mais ils m'ont manifesté une attention et une gentillesse extraordinaire. Le vieil homme irradiait de sourires plus que l'ardent soleil de ce mois de juin.

Nos petites tracasseries quotidiennes n'ont aucune valeur au regard de la vie.

Mes amis, notre vie est fragile et nous n'avons aucune garantie d'être là demain. Vous ne retrouverez pas plus tard le temps que vous n'avez pas consacré à ce que vous aviez autrefois.

Une jeune femme se fâcha un jour avec son père au sujet d'un homme qu'il ne voulait pas qu'elle fréquente, et ils refusèrent de se parler pendant des années. Longtemps plus tard, elle reçu un coup de fils de l'hôpital pour l'avertir que son père venait d'avoir une attaque cardiaque. Elle courut aussi vite qu'elle pu mais son père mourut entre-temps.

Lors des funérailles, elle dit « Papa, je regrette, je te pardonne, pardonne-moi, je t'aime. » Mais il était trop tard.

> *« Vous ne savez pas ce qui arrivera demain, car qu'est-ce que votre vie ? La vie est une vapeur qui paraît pour un peu de temps et qui ensuite disparaît. »*
> Jacques 4.14

En passant devant un cimetière, Rebecca, une petite fille de huit ans, me dit un jour « C'est bizarre, mais j'ai remarqué que c'est toujours lorsque les gens sont morts qu'on leur offre des fleurs ».

N'attendez pas le jour des funérailles pour offrir des fleurs à vos proches ou leur manifester du respect. C'est aujourd'hui qu'ils ont besoin de votre amour et de vos encouragements.

Vivre un jour à la fois ne signifie pas que nous devions manquer de sagesse et négliger nos responsabilités, mais celles-ci ne doivent pas devenir si écrasantes que nous perdons de vue le but essentiel pour lequel Dieu nous a créé : vivre.

C'est un choix difficile à faire pour ceux qui sont très orientés vers un but.

Vivre un jour à la fois

*« Ne vous inquiétez donc pas du lendemain : le lendemain se souciera de lui-même.
A chaque jour suffit sa peine. »*
Matthieu 6.34

La vie est un don de Dieu et nous devons apprendre à en reconnaître la valeur. Nous ne devrions pas continuellement nous projeter dans l'avenir mais savoir pleinement apprécier notre aujourd'hui, puis donner le meilleur de nous en chaque situation.

Seulement, nous pouvons tomber dans le piège d'anticiper continuellement les défis de demain ou de chercher à résoudre d'hypothétiques problèmes dont nous ne verrons probablement jamais le jour.

« Et si un jour je suis malade », « Quel message vais-je prêcher dans deux semaines ? », « Et si un jour je ne m'entend plus avec ma femme ? »

De fait, nous ne jouissons pas de la vie et ne portons pas le fruit que nous pourrions. Mais Dieu nous enseigne à vivre un jour à la fois. Il nous donne Son onction pour vivre ce jour, et non celui de demain.

Notre vie est aussi faite de saisons. Dans notre couple, notre ministère, nos études, notre croissance spirituelle. Et la sagesse nous indique de les aborder au fur et à mesure qu'elles se présentent à nous.

Par exemple, si vous êtes un jeune couple, il est bon de faire des projets d'avenir, mais vous devez aussi pleinement savourer la fraîcheur de ces premiers instants sans vous préoccuper de ce que vous devrez faire demain. Lorsque votre relation aura évoluée, Dieu vous conduira à une nouvelle saison et vous devrez vous adapter.

Si vous êtes étudiant, il est bon d'établir un plan pour vos études, mais ne révisez pas des cours que vous n'aurez que dans cinq ans. Focalisez-vous sur le programme de cette année et travaillez dur les examens de cette semaine.

N'allez pas plus vite que la musique ! Vivez un jour à la fois.

Ensuite, voyez ce que Dieu veut vous dire pour chacune des saisons de votre vie puis recevez Ses instructions.

Lorsque les juifs ont traversé les déserts pour se rendre en terre promise, ils suivaient la colonne de nuée. Lorsque la nuée s'arrêtait, ils s'arrêtaient et établissaient leur campement. Et lorsque la nuée repartait, ils pliaient bagages et reprenaient la route.

Comme les hébreux, suivez la nuée et écoutez la petite voix de Dieu qui parle à votre coeur.

Lorsque vous savez vous connecter sur Dieu, vous êtes en communion avec Lui et vous recevez Son onction et Sa sagesse pour régner avec gloire dans tous vos domaines.

Vous n'avez pas besoin d'avoir la réponse à toutes vos questions pour que les choses marchent. Il y a des milliards de questions que nous pourrions nous poser, tant de « Seigneur, pourquoi ? », « Seigneur, comment ? », « Seigneur, avec qui ? ». Mais une seule parole de Dieu peut suffire.

C'est une bonne chose de réfléchir et de chercher à comprendre, mais nous avons surtout besoin d'apprendre à marcher selon la lumière dont nous disposons sur le moment.

Enfin, nous devons apprendre à vivre un jour à la fois car notre force se trouve dans la reconnaissance des dons de Dieu. Nous ne devrions pas rester bloqué dans le passé ou nous projeter trop loin dans l'avenir.

Une séquence que j'aime beaucoup dans le film *Kung-fu panda* parle de cela.

Po, un panda ventripotent et maladroit, n'a aucune confiance en lui, mais il a pourtant reçu l'appel de protéger la Chine de son pire ennemi. Il est aussi retenu par le souvenir d'un environnement familial peu valorisant – son père cuisine des nouilles – et par la perspective de reprendre cette activité peu héroïque.

Mais un vieux sage lui dit « Tu te préoccupes trop de ce qui a été ou de ce qui sera. Hier est passé, demain est un mystère. Mais aujourd'hui est un cadeau. C'est pourquoi on l'appelle le présent. »

N'avez-vous jamais offert un cadeau qui ne plaisait pas ? C'est blessant, n'est-ce pas ? C'est la même chose avec le cadeau de Dieu de cette journée et pour tout ce qu'Il nous donne : Pourquoi Dieu nous donnerait-Il un *demain* si nous ne savons pas profiter de cet *aujourd'hui* ?

Soyez vous-même !

Dieu a fait de chacun de nous une personne unique. Il nous a donné des talents et nous a tracé une destinée que nul autre ne pourra suivre. Nous sommes la solution de quelqu'un ou d'un groupe et dans un domaine spécifique. Seulement, nous cherchons parfois à être quelqu'un que nous ne sommes pas afin de faire plaisir aux autres, plutôt qu'à être celui que nous sommes réellement.

Nous vivons sous la pression constante de devoir satisfaire pleinement les attentes des autres, sans jamais faillir, afin de les maintenir heureux. Par peur de perdre leur approbation ou leur amour, nous les laissons nous contrôler en cherchant à devenir la personne qu'ils veulent que nous soyons. Si nous n'y prenons gare, nous aurons alors passé notre vie à plaire aux autres sans jamais nous être plu à nous-mêmes, et sans jamais avoir accompli ce à quoi Dieu nous appelle.

Lorsque j'irai au ciel, Dieu ne me demandera pas « Olivier, pourquoi n'as-tu pas fait comme cette personne ? », ou « Pourquoi n'as-tu pas fait aussi bien que celle-ci ? », ou encore « Pourquoi n'as-tu pas ressemblé plus à celle-là ? ». Il me demandera « As-tu accompli la course qui était la tienne ? »

Au ciel, nous devrons rendre compte de notre vie et non de celle des autres.

Vous êtes unique et Dieu vous a oint pour être vous, non quelqu'un d'autre. Dieu n'aime pas les photocopies mais les originales. Il n'y eut qu'un seul Joseph, qu'un seul Moïse, qu'un seul David, qu'une seule Ruth. Dieu oindra votre vie dans la mesure où vous êtes vous-même. En l'occurrence, vous n'accomplirez votre appel que lorsque vous aurez brisé le pouvoir d'autrui sur votre vie et ne chercherez plus à devenir celui que vous n'êtes pas.

Tout le monde veut de moi quelque chose de spécifique et de contradictoire. Nous ne pourrons jamais répondre pleinement aux attentes de chacun. Mon père veut que je sois dur et combatif, ma mère que je sois un fils doux et affectueux, ma femme que je sois fort et que j'ai du succès, mon patron que je sois hyper compétant sans jamais faire d'erreurs, mes amis que je sois ouvert d'esprit et sympa, le gouvernement que je sois un bon et honnête citoyen et la société que je sois un peu rebelle et insoumis.

Nous passons le plus clair de notre temps à deviner et anticiper ce que les autres attendent de nous. Bien souvent, les gens ne sont même pas intéressés par notre confort, mais par ce qu'ils peuvent tirer de nous. Plus vous en ferez et plus ils tireront profit de vous.

En fait, la seule personne à qui nous devons plaire est à nous-mêmes et à Dieu.

Bien des gens ont faillit manquer leur appel à cause de l'intimidation qui pesait sur leur vie et ils durent réagir pour s'en détacher. Le jeune pasteur Timothée, par exemple, subit une pression parce que certains le jugeaient trop jeune pour conduire une église. C'est pourquoi l'apôtre Paul lui dit « Que personne ne méprise ta jeunesse » (1 Timothée 4.11). Il nous faudra parfois du cran pour affirmer notre identité et marquer d'un « Non » franc notre refus du contrôle.

Nous ne devons pas nous culpabiliser d'agir ainsi. Votre intérêt n'est pas de plaire aux hommes mais à Dieu. Il vaut mieux déplaire aux hommes, quitte à les brusquer, que de Lui désobéir. Christ a dit ceci :

« Si quelqu'un vient à moi et s'il ne hait pas son père, sa mère, sa femme, ses enfants, ses frères et ses sœurs, et même sa propre vie, il ne peut être mon disciple. » Luc 14.25

Joyce Meyer, une prédicatrice américaine bien connue, a commencé son ministère en donnant de petites études bibliques dans la salle d'un hôtel. Le pasteur de leur église, un homme probablement bon mais ignorant, lui a dit, ainsi qu'à son mari « David et Joyce, vous faites fausse route et avez inversé l'ordre de Dieu. C'est à David de prêcher et à Joyce de rester dans l'assistance et soutenir son mari. » Joyce sentait dans son cœur qu'elle était appelée à un ministère publique d'enseignante et que ce pasteur avait tort, mais elle commença à raisonner « Si nous ne faisons pas ce qu'il dit, nous allons devoir quitter l'église. Les gens vont penser que nous sommes rebelles et indépendants. Nous n'aurons jamais de place de leadership.» Ainsi, pour faire ce que les gens attendaient d'eux, ils ont obéi et suivi les directives du pasteur. David, son époux, s'est mis à enseigner pendant quelque temps et Joyce est restée tranquillement assise. Mais ils furent tout deux malheureux. Finalement, ils décidèrent de rompre ce lien et de faire ce que Dieu les appelait à faire. Aujourd'hui, le ministère de Joyce atteint et transforme des milliers de vies dans le monde entier quotidiennement.

Nous sommes unique et Dieu a planté des dons et un appel qu'il n'appartient qu'à nous de libérer. Si nous ne prenons pas notre vie en main, quelqu'un le fera et nous conduira là où nous ne voulons pas nous rendre. Dieu a confié à nous seul la responsabilité de notre bonheur et si les autres ont encore un fort ascendant sur nos vies, c'est que nous leur en avons donné l'autorisation.

N'interprétez pas mal ce message et faites-en une saine application. Il nous faut, dans une certaine mesure, être réceptif à la critique et les conseils d'autrui sont nécessaires. D'autre part, nous avons aussi des responsabilités vis-à-vis de notre famille, des institutions, de nos frères et sœurs, et devons donc répondre à certaines de leurs attentes. Seulement, nous devons apprendre à discerner ce qui provient du contrôle puis nous en dégager. Devenons celui que nous sommes réellement et nous accomplirons pleinement notre appel.

Se dégager de l'étreinte du contrôle

Dieu a tracé une route unique à chacun d'entre-nous, mais il arrive que ceux qui nous sont les plus proches ne partagent pas nos choix et s'opposent à nous. Ils peuvent même recourir à l'intimidation ou la force pour nous amener à faire ce qui leur semble juste. Or, chacun est responsable de sa vie, et non de celle des autres.

Cela arrive chez certains parents envers leurs enfants devenus adultes, ou des enfants envers leurs vieux parents.

Lorsque je me suis converti, j'étais convaincu de devoir quitter le giron familial puis d'aller faire une école biblique. Seulement, mes parents s'y sont opposés, pensant que je devais d'abord faire des études soldées d'un diplôme. A chaque fois que je leur faisais part de mes désirs, ils se mettaient en colère, et pour éviter le conflit, je finissais finalement par me plier à leur volonté.

Par crainte de surmonter l'adversité et de faire ce qui me semblait le mieux pour moi, j'ai entrepris une multitude d'études qui ne me correspondaient pas. J'étais malheureux, mal dans ma peau, et tout ce que j'entreprenais échouait.

Finalement, au bout de dix ans, ma vie étant un tel désastre, j'ai entrepris de me dégager de l'étreinte familiale et de suivre mes propres rêves. Je suis donc allé faire cette école biblique et Dieu a orchestré les choses d'une manière fabuleuse. Ma vie a opéré un virage à 180 degrés.

Beaucoup de gens ne vivent pas leur vie comme ils le devraient car leurs proches se sont opposés à eux et, par crainte de surmonter l'opposition, ils ont fini par se plier à leur volonté.

Si c'est votre cas, sachez que le problème se trouve chez eux, et non chez vous.

Jésus Lui-même a dû mettre les pendules à l'heure avec sa propre famille et créer une distance : Alors qu'il participait à des noces, sa mère lui a donné des directives, mais Il lui a répondu *« Mère, est-ce à toi de me dire ce que j'ai à faire... ? »* (Jean 2.4). Un autre jour, alors qu'il prêchait, sa mère et ses frères ont voulu l'interrompre pour régler des affaires privées, mais à nouveau, Jésus s'est fermement opposé à eux (Luc 8.19-21).

Souvent, les gens qui s'opposent à nous prétendent être motivés par l'amour, ce qui est vrai dans une certaine mesure, mais cela ne signifie pas qu'ils aient raison. Ils voient leur vie de leur point de vue et non du vôtre. Or, vous êtes différents et vous devez faire des choix qui correspondent à votre nature, vos goûts, et votre personnalité.

Vos parents vous ont élevés mais le reste vous appartient. Vous êtes les enfants de vos parents, mais cela ne leur donne pas le droit de contrôler votre vie lorsque vient l'âge de prendre des décisions par soi-même.

Enfin, dans d'autres cas, la personne qui cherche à vous imposer ses choix est contrôlée par ses propres craintes, souffrances, ou préjugés. Son jugement ne repose pas sur la raison, mais sur une âme charnelle et infantile.

Après avoir fait une école biblique, j'ai continué à vivre dans la ville dans laquelle je me trouvais. Or, mes parents, ne me voyant pas revenir, pensaient que j'entretenais une relation amoureuse secrète. Ma mère m'a dit un jour « Tu sais, si tu veux épouser une femme Noire, cela ne nous pose pas de problèmes. »

Cela m'a beaucoup touché qu'elle ne soit pas raciste, mais mes choix amoureux ne la concernaient pas. Mes goûts en matière de femme, mes choix professionnels, ou la couleur de mon papier peint ne regardent que moi.

Je lui ai donc dit « Maman, ce n'est pas le cas. Mais quoiqu'il en soit, je me fiche que vous vouliez bien, ou non, que j'épouse une Noire ou une Jaune. Je ferai ce que j'ai prévu de faire ».

La Bible nous dit d'honorer nos parents, mais cela ne signifie pas que nous devions les laisser nous dominer, mais que nous devions les traiter avec honneur et respect. D'autre part, manifester de l'honneur n'est pas incompatible avec le fait de faire preuve de fermeté.

Jésus respectait sa mère, comme la Bible l'enseigne lorsqu'elle dit « Honore ton père et ta mère », mais Il n'a pas craint de la blesser en prenant ses distances. Jésus a notamment dit :

« Ne pensez pas que je sois venu apporter la paix sur terre... mais l'épée. Je suis venu séparer l'homme de son père, la fille de sa mère, la belle-fille de sa belle-mère, on aura pour ennemi les membres de sa propre famille » Matthieu 10.34

Par ailleurs, le meilleur moyen d'aimer les gens sera, parfois, précisément de ne pas aller dans leur sens, car lorsque les gens ont une conduite immature et que vous ne suivez pas leur affreux conseils, vous les amenez à grandir.

D'autre part, cesser de vous laisser imposer les choix des autres, vous permettra de les aimer encore plus, car c'est dans la liberté que nous aimons vraiment. J'ai apprécié une parole de l'actrice Kirsten Dunst, qui disait « Autrefois, ma famille exerçait une forte étreinte sur moi, étouffante, mais depuis que j'ai appris à m'en dégager, je peux vraiment les aimer comme ils le méritent. »

Bien entendu, n'ayez pas une interprétation déséquilibrée de ce message. Je ne dis pas que nous ne devions pas écouter les gens. Parfois, nous sommes sur le point de faire des gâfes et les conseils d'autrui nous seront profitables. Nous ne devons pas être des idiots obtus qui pensent tout savoir et ne rien avoir à apprendre des autres.

Veillons juste à faire la différence entre ce qui procède de la sagesse et de la manipulation.

Expérimenter le repos de l'âme

« *Un cœur joyeux favorise la guérison mais la tristesse fait perdre toute vitalité.* »
Proverbes 17.22 (FC)

Nous pouvons être découragés par les manifestations encore charnelles de notre caractère et perdre notre paix. Nous sommes tellement préoccupés et tourmentés par le fait de devoir plaire à Dieu que, finalement, nous ne connaissons jamais le repos dans notre âme. Dieu veut que nous aimions notre vie dès à présent et que nous soyons en paix avec nous-mêmes, malgré nos imperfections.

En fait, la paix et la joie sont nécessaires pour grandir dans la foi et connaître une vraie transformation de notre caractère. Parfois, certaines personnes sont tellement torturées par leur conscience que cela les retient de laisser Dieu traiter leur problème. Leur inquiétude est devenue un problème plus grand que leur faiblesse elle-même.

Un monsieur autrefois tabagique me raconta l'histoire suivante. Il aimait Dieu mais sa dépendance au tabac l'avait emmuré dans une culpabilité profonde. Finalement, son tourment fut tel qu'il envisagea d'abandonner la foi à contrecœur. Alors qu'il partageait son problème avec un pasteur, celui-ci lui dit la chose la plus étonnante de la part d'un pasteur « Tu aimes fumer ? Et bien fume encore plus », puis il rajouté « De toute manière par les meurtrissures de Jésus, tu as déjà été guéri. »

Cela peut sembler curieux qu'un pasteur encourage quelqu'un à fumer, et en fait, ce n'est pas vraiment ce qu'il voulait dire, mais cette curieuse phrase a eut un effet déstressant sur l'âme de cet homme. L'énorme poids de culpabilité sous lequel il croulait quitta ses épaules, et quelques temps plus tard, cet homme fut guéri du tabac.

Parfois, nous sommes tellement préoccupés par les aspects non renouvelés de notre caractère que notre inquiétude est devenue le vrai problème et Dieu ne peut nous délivrer. Néhémie dit la chose suivante :

«*…la joie du Seigneur sera votre force.* » Néhémie 8.10

Vous devez garder votre joie coûte que coûte et vous sentir accepté de Dieu car c'est en elle que se trouve votre force. Le diable sait cela et va essayer de vous amener à vous focaliser sur vous-même et vous décourager. C'est dans la mesure où vous vous savez aimé de Dieu qu'Il parviendra à vous changer sans cesse plus à Sa ressemblance.

Le salut est immédiat mais la restauration est un processus. Si nous attendons d'être parfaits, nous risquons alors de ne jamais être heureux car la vie est un voyage et demain nous entraînera vers de nouveaux défis. Nous devons nous accorder le droit de ne pas être parfait, de faire les erreurs ou de ne pas toujours savoir faire les choses correctement. Nous devons expérimenter la grâce au quotidien pour nous-mêmes avant de l'appliquer aux autres. Bien des gens exercent le ministère envers les autres mais ne pensent pas à l'exercer envers eux-mêmes.

Il ne s'agit pas d'étouffer sa conscience, car celle-ci est bonne et nous vient de Dieu, mais nous devons vivre d'une manière équilibrée et, même si Dieu n'est pas toujours d'accord avec les choix que nous faisons, Il prend toujours plaisir en nous. Notre conscience est en partie charnelle et n'a pas une connaissance exacte de Dieu. Paul lui-même laissait sa conscience le guider à condition qu'elle soit éclairée par le Saint Esprit (Romains 9.1).

Dieu ne nous cherche pas sans cesse des poux dans la tête et ne nous reproche pas tout ce que nous faisons.

« *Il ne conteste pas sans cesse...* » Psaumes 103.9

Et si nous manquons de savoir-faire ou de connaissance, Il se tient à notre disposition pour nous en donner.

« *Si quelqu'un manque de sagesse, qu'il la demande à Dieu qui donne à tous sans reproche, et elle lui sera donnée.* » Jacques 1.5

Si nous avons été sauvés par grâce, apprenons à vivre par la grâce chaque jour. Dieu ne vous *gronde* pas parce que vous êtes riche ou bien portant alors que d'autres sont pauvres ou malades.

Dans ce message, je ne parle pas de gens qui sont ouvertement assis dans le péché et qui ne veulent pas en sortir mais de ces gens qui aiment le Seigneur et qui sont, bien qu'imparfaits, dans cette disposition de cœur où ils veulent changer ou qui, parfois encore, sont liés à de mauvaises habitudes mais qui veulent en sortir.

Dieu n'est pas venu chercher des gens parfaits, sinon, nous serions tous disqualifiés. Il cherche juste des gens qui ont un cœur pour Lui car Lui-même est un Dieu de cœur. Il voit votre désir de bien faire. Ne laissez pas votre immaturité vous voler votre joie et vous éloigner de Dieu. Chaque matin, donnez donc un bon départ à vos journées et dites « Merci Seigneur car tu prends plaisir en moi. Tu m'amènes chaque jour un peu plus à la ressemblance de Christ et je vais de gloire en gloire. Tu m'as fait asseoir à Ta droite et je règne dans cette vie comme un roi en Jésus Christ.»

Suivre la bonne image

Notre vie ne prend pas toujours la bonne direction, non parce que les circonstances sont mauvaises, ou que nous n'avons pas de talents pour réussir, mais à cause de l'image négative que nous avons de nous-mêmes.

L'image qui se trouve en face de nous est celle que nous suivrons, et nous n'irons jamais au-delà de ce que nous pensons de nous-mêmes. Tout commence au niveau de notre cœur, et avant qu'une chose ne devienne une réalité tangible, elle doit d'abord naître dans notre cœur.

Marcel, un ami agriculteur, m'invite parfois à manger. Nous sommes allés un jour visiter ses champs après avoir déjeuné, puis il m'a dit « Tu vois, je vais planter une forêt ici. Il y aura des platanes, des chênes et des sapins. Je planterai d'abord de jeunes arbres, et dans quelques années, il y aura une vraie forêt. »

Je suis revenu quelques semaines plus tard et Marcel y avait planté ses arbres, tout comme il l'avait dit. Ce ne sont que de tous petits arbres pour l'instant, mais d'ici quelques années, la pouponnière d'arbrisseaux aura laissée place à une belle forêt.

Comment est née cette forêt ? Dans son imagination et son cœur. Rien ne naîtra dans la vie d'un homme avant qu'une chose ne soit d'abord née dans son coeur. L'existence d'une chose n'est que le prolongement et l'aboutissement de ses désirs.

Regardez autour de vous. Que voyez-vous ? Des meubles, un ordinateur, Internet, un téléphone portable, vous-même. Ces choses n'auraient jamais existé si un homme ou une femme ne s'était dit au préalable : « Et si je créais une chaise qui ait cette forme ? », « Et si je créais un outil informatique qui permettrait de classer et consulter les documents ? », « Et si je créais un téléphone portable ? », « Et si je me mariais et que j'avais des enfants ? »

Ainsi, je veux vous encourager à renouveler votre intelligence et y planter de bonnes choses. L'image qui doit se trouver en face de nous devrait être à la hauteur de la créature que nous sommes. Or, nous sommes les fils et les filles de Dieu, créés à Sa ressemblance.

Dieu avait donné un rêve à Joseph : Alors qu'il glanait les champs et liaient les gerbes avec ses frères, il vit sa gerbe se dresser et les gerbes de ses frères s'incliner devant elle. Par ce rêve, Dieu indiquait à Joseph qu'il deviendrait un leader puissant et qu'il serait même le conducteur de ses frères (Genèse 37.5-6).

Mais ce rêve n'était pas strictement prophétique. Il avait pour fonction de planter de la croissance et de l'expectative dans le cœur de Joseph. Le Seigneur voulait briser son étroitesse d'esprit et disposer son cœur dans la bonne direction, car Il sait que la vie d'un homme suit ses pensées.

Je suppose que Joseph, tel le sportif qui visualise mentalement au préalable le parcours d'obstacles avant de se lancer, a dû s'imaginer plus d'une fois à la tête d'une équipe d'hommes. Peut-être s'est-il fait son film dans lequel il se voyait en train de donner des instructions, parler en public, prendre des décisions.

Savez-vous pourquoi les petits garçons et les petites filles se marient et ont des enfants lorsqu'ils deviennent grands ? Parce qu'ils ont vu leurs parents le faire et qu'ils reproduisent l'image qui s'est imprimée en eux.

Savez-vous aussi que bien des gens qui retrouvent la santé après avoir été handicapés se sont déjà vus marcher et courir bien avant d'avoir été guéris ? Ils étaient peut-être handicapées, mais ils ne se sont jamais **vu** handicapés. Leur situation n'était que provisoire.

C'est aussi pour cette raison que les ados mettent des posters de leurs acteurs ou sportifs préférés sur les murs de leur chambre. Ce n'est pas qu'ils soient idolâtres, comme on le pense, mais qu'ils cherchent à modeler leur âme en direction d'un model qu'ils aiment. Le choix de ces modèles est souvent de mauvais goût, mais ils le font dans le souci d'imprimer une image forte en eux, car nous suivons ce que nous pensons.

Certains penseront que je fais de la psychologie, mais je ne fais que dire ce que la Bible dit. Le livre de Proverbes dit « Prend gare à ce que tu penses au fond de toi, car ta vie en dépend. », et Paul nous dit nous de renouveler notre intelligence.

Il y a de nombreuses années, j'ai fait un stage de création d'entreprise. Notre formatrice nous a mis au défi et nous a posé une question dont elle connaissait déjà la réponse : « Qui, parmi vous, a des parents instituteurs ? » Nous avons tous répondu par la négative. Puis elle a poursuivi « Notre histoire conditionne notre vie. Il est rare que des parents instituteurs donne des enfants créateurs d'entreprises.»

Je ne dis pas qu'être institutrice soit une mauvaise chose, mais voyez là où je veux en venir : notre vie suit nos pensées, et si parfois nous ne voyons pas de belles choses se passer, c'est parce que nous n'avons pris le soin d'orienter notre âme dans la bonne direction.

Beaucoup de gens se voient faibles, vaincus, pauvres, malades, exclus, et c'est ce qu'ils deviennent, car Dieu ne peut pas leur donner au-delà de ce qu'ils pensent d'eux-mêmes.

Aujourd'hui, si vous êtes célibataire, ne vous voyez pas comme un célibataire à vie, et ne traînez pas qu'avec votre bande d'amis célibataires, car sinon le célibat va s'inscrire en vous. Mais fréquentez des couples mariés, et prenez leurs enfants dans vos bras, car ainsi, le Seigneur lira ce qui se trouve dans votre cœur et vous donnera en conséquence.

Si vous êtes malade, ne vous voyez pas comme un malade à vie, mais commencez par faire des projets qui impliquent la bonne santé, ou fréquentez des gens valides. Professionnellement, peut-être que le Seigneur souhaiterait vous voir occuper une position plus élevée et plus en rapport avec vos capacités réelles.

Le BA ba de la prière, ou d'une vie bénie, commence au niveau de notre cœur et de notre pensée. Nous devons commencer par nous voir en possession d'une chose avant que le Seigneur ne l'amène à l'existence.

« L'homme élabore des plans, le Seigneur en dirige la réalisation. »
Proverbes 16.9 (FC)

Semer dans la souffrance, récolter dans la joie

Un principe étayé tout au long des Écritures est celui de la semence et de la récolte. L'homme est le semeur, et Dieu est le maître de la moisson qui attend de la terre le précieux fruit de la terre. Le Seigneur veut nous amener à obtenir une récolte dans notre vie spirituelle, notre santé, nos finances, ou toute autre chose. Il veut réparer les torts que l'ennemi nous a faits les années précédentes

Toute récolte est précédée d'un temps d'ensemencement. Bien des gens ne récoltent pas car ils n'ont pas coopéré avec Dieu selon Ses principes. Ils veulent récolter mais sans semer au préalable.

« Celui qui pleure quand il sème criera de joie quand il moissonnera. Il part en pleurant pour jeter sa semence, il reviendra criant de joie, chargé de ses gerbes de blé. » Psaumes 126.5-6

Ce verset nous parle de la *joie de la récolte*, et de la *souffrance de la semence*. Nous souhaitons parfois récolter dans la joie mais sans avoir semé dans la souffrance. Le Seigneur nous promet de récolter dans la joie, mais Il ne nous épargne pas la souffrance de la semence.

Certains pourraient penser « Dieu veut-il que je souffre ? Prend t-il plaisirs à me faire du mal ? ». Non, absolument pas. C'est notre chair qui souffre, car elle n'aime pas se plier à la Vérité.

C'est aussi une souffrance car c'est un acte de foi et d'obéissance au détour duquel Il nous attend. Dieu est bon, mais Il est aussi exigent, et Il réclame de notre part des actes de foi et d'obéissance.

En somme, la souffrance est lorsque nous crucifions notre chair pour ne pas faire ce qui la satisfait, mais pour faire ce que nous estimons juste.

Par exemple, peut-être que vous n'avez pas envi de cesser de dire du mal des gens ou de vous plaindre, mais vous décidez de cesser car c'est ce qui vous semble juste. Vous plaindre fait du bien à votre chair mais pas à votre esprit.

Ainsi, pourquoi ne pas commencer à sortir vos mains de vos poches, pour les lever vers le ciel, lors de vos moments d'adorations ? La chair ne voudra pas s'y soumettre, mais c'est à vous de dominer sur elle, et non à elle de vous dicter sa loi.

Pourquoi ne pas commencer à semer vos finances au profit de votre église ou d'une œuvre missionnaire, selon vos moyens, même si celles-ci ne sont pas tip top ? Votre chair ne va pas aimer, mais la promesse d'une récolte vous est faite.

« Rappelez-vous ceci : celui qui sème peu récoltera peu ; celui qui sème beaucoup récoltera beaucoup » 2 Corinthiens 9.6

Pourquoi ne pas faire un sacrifice d'actions de grâce en vue de ce que le Seigneur va accomplir, même si, précisément, rien ne s'y prête encore ?

Pourquoi ne pas apprendre à compter sur Jésus ? Peut-être que c'est un sacrifice car vous n'aviez jamais fait cela auparavant, mais vous ne verrez jamais Dieu agir sans avoir commencé. Souvent, les gens veulent croire et être déjà en possession d'une chose. Mais c'est un non sens, car il ne s'agirait plus de croire, mais de voir.

Quelque soit le domaine, écoutez votre cœur - votre GPS divin - et voyez là où le Saint Esprit vous inspire.

Ensuite, ce verset nous parle également de « pleurs » car il s'agit d'un travail. Les larmes symbolisent l'effort, et lorsque nous semons, nous travaillons en vue de ce qui nous sera profitable plus tard. La souffrance temporaire de notre chair est un investissement pour notre vie future.

Nos semences ne sont pas vaines, mais nous sommes en travail, et quelque chose est en train de s'accomplir dans le domaine spirituel.

Il y a quelques mois, j'ai planté un noyau de manguier dans un pot, un arbre exotique pour nos latitudes européennes, car j'ai appris qu'il pouvait pousser dans nos appartements chauffés. Or, pendant plusieurs semaines, ce noyau n'a rien donné, et j'étais déçu. Mais, alors que je ne m'y attendais plus, une tige a surgit et des feuilles ont poussé. Aujourd'hui, mon petit manguier poursuit sa croissance.

Lorsque vous semez, il y a un travail qui se fait en terre. Vous ne voyez rien en surface, mais une chimie invisible opère dans ce noyau.

Et enfin, si la chair souffre, c'est parce qu'elle est routinière et qu'elle n'aime pas la nouveauté. Elle veut toujours manger la même chose, dire la même chose, regarder les mêmes choses, penser de la même manière, s'habiller de la même manière... La chair préfère la médiocrité des habitudes, car elles sont sécurisantes, à l'excellence que produit le changement, car la nouveauté peut sembler déroutante.

Quoiqu'il en soit, le Seigneur nous demande de souffrir, mais cela ne signifie pas pour autant que votre vie va devenir un enfer. Comprenez juste qu'il y a un effort à fournir.

Enfin, la souffrance dont il s'agit concerne aussi la *souffrance de la Parole*. Le Seigneur Se révèle comme un Père aimant, mais, comme notre père naturel nous a parfois repris, Il nous corrige et Ses reproches nous blessent.

Le Seigneur ne va pas vous corriger en vous envoyant des accidents ou des maladies, mais c'est par Sa Parole et des enseignements donnés par de bons prédicateurs qu'Il le fait.

« Mon fils, ne crains pas d'être corrigé par le Seigneur, et ne te décourage pas quand il t'adresse des reproches, car le Seigneur corrige celui qu'il reconnaît comme son fils. Supportez les souffrances par lesquelles Dieu vous corrige... »
Hébreux 12.5-6

Lorsque le Seigneur vous reprend, ne vous braquez pas. Dieu n'a rien contre vous, mais Il est aussi un Dieu exigent. Par Sa sévérité, Il cherche à vous amener à un niveau supérieur de gloire et de force. Avalez juste votre salive et dites « Seigneur, ta parole est ''oui et amen'' ».

Marcher avec assurance

« Car Dieu ne nous a pas donné un esprit de timidité mais un esprit d'amour, de force, et de maîtrise de soi. » 2 Timothée 1.7 (FC)

Certaines personnes ont du mal à développer des relations saines car elles sont dures et traitent les gens comme des *moins que rien*, mais d'autres sont trop douces et se laissent maltraiter sans réagir. Si c'est votre cas, le Seigneur veut vous donner plus de caractère et que vous cessiez de laisser les gens vous malmener.

Nous devons, certes, aimer les gens, mais leur indiquer aussi que nous sommes des personnes d'honneur et qu'ils ne peuvent nous traiter n'importe comment.

Dans un groupe que j'ai fréquenté autrefois, un homme me contredisait systématiquement lorsque je prenais la parole en public, et cela était très humiliant. Je ne réagissais pas car je pensais devoir laisser Dieu me faire justice, mais une conviction m'a dit « Si tu ne le reprends pas, il va continuer et tu vas souffrir. » Je suis donc allé le voir seul à seul et je lui ai demandé d'arrêter. Cet homme s'est excusé et n'a plus jamais recommencé.

Nous ne sommes pas n'importe qui mais les fils et les filles de Dieu. Christ nous a libéré de tout esclavage à la croix et Il ne veut pas que nous vivions sous la férule de relations abusives.

Lorsqu'une personne se montre irrespectueuse - au travail ou dans notre famille - nous devons rester courtois, mais lui indiquer aussi qu'elle doit maintenir une attitude correcte.

Le fait que vous soyez chrétien ne signifie pas que vous deviez laisser les gens vous traiter comme un paillasson. Lorsque Jésus a dit de « tendre l'autre joue », Il ne voulait pas dire que nous devions le faire systématiquement, ou littéralement. Il s'adressait avant tout à des juifs qui vivaient sous la loi du « Œil pour œil, dent pour dent », et Il voulait démonter leur tendance à vouloir rendre à chacun son dû, du genre « Tu m'as fait du mal, alors je vais t'en faire aussi ».

D'ailleurs, si vous ne savez pas vous protéger, comment pourrez-vous protéger ceux que Dieu établira sous votre protection ?

En fait, l'une des caractéristiques de l'amour sont la force et l'assurance. Une personne qui marche dans l'amour véritable n'est pas chétive mais elle est remplie de hardiesse, et cela inspire le respect.

Là où Dieu Se trouve, il y a toujours une forme de crainte, d'intimidation. Voyez ce qui s'est passé au tombeau, après que Jésus soit ressuscité :

« … un ange de Dieu vint du ciel…Il avait l'aspect d'un éclair et ses vêtements étaient blancs comme la neige. Les gardes en eurent une telle peur qu'ils se mirent à trembler et devinrent comme morts. L'ange prit la parole et dit aux femmes : N'ayez pas peur… » Matthieu 28.2-5

Un ange de Dieu est apparu aux gardes romains et la crainte qu'il inspira fut telle qu'ils passèrent pour morts, et les femmes furent effrayées. Comme vous le voyez, il peut y avoir quelque chose d'effrayant chez Dieu.

Or, nous sommes ces vases qui contiennent Sa présence et il peut y avoir quelque chose d'intimidant chez le croyant. Là où se trouve le royaume de Dieu, notamment dans le cœur d'un homme, il s'y trouve aussi une forme de frayeur.

L'un des moyens de manifester cette crainte est d'adopter une attitude qui indique aux gens que vous n'êtes pas n'importe qui. Votre langage corporel est un message que vous leur envoyez et ils vous traiteront en conséquence.

Si vous avez l'air abattu, apeuré, que vous parlez mal de vous-même en leur compagnie, c'est ainsi qu'ils vous verront et qu'ils vous traiteront. Mais si vous adoptez la posture d'un roi, c'est ainsi qu'ils vous traiteront également. Vous ne changerez pas le regard des autres avant d'avoir changé de regard sur vous-même.

Ainsi, dans la rue ou au travail, redressez les épaules, marchez avec détermination, souriez plus, plaisantez avec les gens, serrez les mains chaudement et mettez du volume dans votre voix.

Parfois, vous pourrez aussi marquer ouvertement votre désapprobation envers une personne. Même si, d'un certain point de vue, vous êtes tenu de l'honorer.

Lorsque le vin a manqué lors des noces de Cana, Marie a dit à Jésus « Ils manquent de vin ». Elle disait en sorte « Fiston, fais plaisir à maman, va en chercher du nouveau ». Mais Jésus lui a dit « Femme, qui y a-t-il entre toi et moi ? » Nous pourrions traduire par « Eh Marie, je ne suis plus le *fifils à sa môman*. Je t'honore, comme Moïse nous a dit d'honorer nos parents, mais je dois d'abord obéir à Dieu. Quitte à te déplaire. »

Jésus a coupé le cordon ombilical que Marie voulait maintenir entre elle et Lui.

Beaucoup d'enfants aujourd'hui ont un appel divin mais, par crainte de surmonter l'autorité familiale, ils étouffent cet appel. Dieu leur a dit de faire telle ou telle chose mais ils ne Lui obéissent pas car ils craignent de s'opposer à leurs parents.

> « *Ne croyez pas que je sois venu apporter la paix sur terre. Je ne suis pas venu apporter la paix, mais l'épée. Oui, je suis venu opposer le fils à son père, la fille à sa mère, la belle-fille à sa belle-mère. On aura pour ennemi les membres de sa propre famille.* » Matthieu 10.34-36

Enfin, nous honorons nos parents et nos patrons, mais comprenons qu'ils sont faillibles et qu'ils font aussi des erreurs. Parfois, la meilleure manière de les aimer sera donc de leur indiquer clairement leur erreur de sorte qu'ils grandissent.

Croyez en vous

Dieu a planté en chacun de nous des talents, un appel et des promesses spécifiques. Seulement, les gens ne croiront pas toujours en vous et vous devrez apprendre à ne pas dépendre de leur opinion pour voir ces choses s'accomplir. Vous seul avez la responsabilité de croire en vous.

Bien des gens manquent leur appel à cause de ce que les autres pensent d'eux. Nous devons acquérir cette maturité où nous sommes prêts à défendre avec force les rêves que Dieu a planté dans notre cœur sans tenir compte de l'incrédulité environnante.

Dans les prémices de sa vie chrétienne, peu de gens croyaient au potentiel d'un de mes amis. Les gens disaient « Tu es un brave gars mais jamais une femme ne s'intéressera à toi.» Finalement, il s'est marié. Les gens lui ont dit « Tu as eu de la chance. Une chose est sûre : Tu n'auras jamais d'enfants ». Son épouse a donné le jour à des jumeaux. Les gens ont alors dit « Mais tu ne trouveras jamais de travail. » Il en a trouvé un et l'a occupé jusqu'à la retraite.

Les rêves les plus fous peuvent s'accomplir dans la vie d'un enfant de Dieu et aucun cas n'est désespéré, mais nous pouvons les perdre si nous dépendons trop de l'opinion des gens. Nous seul avons la responsabilité d'y croire.

Dieu enverra de temps à autres des gens pour vous encourager et vous faire remarquer vos talents, mais parfois, Il coupera ce canal. Il vous demandera alors de grandir et de ne pas dépendre de leur foi.

Voici une histoire qui m'a beaucoup amusé : Un prédicateur, alors qu'il démarrait son ministère, prenait l'habitude de se rendre au comptoir de librairie après avoir prêché. Il se renseignait auprès de l'équipe technique chargée d'enregistrer ses sermons afin de savoir si ses messages se vendaient bien. En général, ils se vendaient très bien, mais un jour on lui dit « Une seule personne est venue nous voir, mais pour rapporter une cassette défectueuse de la semaine dernière». Cet homme commença alors à être démoralisé, mais Dieu parla à son cœur et lui dit « Je t'ai appelé au ministère. C'est la seule chose qui doit compter à tes yeux.»

Il est bon de temps à autre de recevoir des conseils ou de demander à quelqu'un de plus expérimenté son avis mais nous ne devons pas en dépendre. Dieu a planté en vous un appel ou des promesses et vous devez les suivre coûte que coûte même si les gens ne vous suivent pas. Obéissez à Dieu et non aux hommes. Il est votre seul berger.

Parfois, lorsque vous partagerez votre enthousiasme de voir telle chose s'accomplir dans votre vie, les gens baisseront la tête pour ne pas vous contredire et vous blesser. En fait, ils ne croient pas en vous et, si vous êtes trop sensible, vous risquez de vous décourager et d'abandonner ces rêves.

Les personnages qui ont façonné l'histoire biblique ont appris à ne pas dépendre de la foi des autres. Les frères de Joseph voulurent le tuer lorsqu'il leur dit que Dieu ferait de lui un dirigeant ; les frères de David se moquèrent de lui lorsqu'il entreprit d'affronter Goliath et de délivrer le peuple, son propre père ne croyait même pas en son potentiel de roi ; des membres de l'église de Timothée lui reprochèrent d'être trop jeune pour assurer le pastorat ; bien des gens ne crurent pas à l'appel de Dieu sur Paul à cause de son passé criminel ; bien des gens durent se moquer de Noé alors qu'il construisait son arche.

Quelles sont les aspirations de votre cœur aujourd'hui ? Celles-ci se réaliseront si vous mettez votre foi en Jésus et cessez de compter sur le regard approbateur ou désapprobateur des hommes.

Marie était une pécheresse réputée. Elle s'approcha un jour de Jésus, versa un parfum de grand prix sur Sa tête et essuya Ses pieds de ses larmes. Elle croyait de tout son cœur en Son amour et Sa miséricorde. Les religieux, qui étaient idiots et ne comprenaient rien à la grâce, s'opposèrent à elle et dirent « Si Jésus savait qui était réellement cette femme, jamais il ne l'accepterait. » Mais Jésus leur dit « Laissez cette femme. Qu'avez-vous fait pour moi ? Elle a mouillé mes pieds de ses larmes, versé du parfum sur ma tête, baisé mes pieds ». Il s'est alors tourné vers elle et a dit « Ta foi ta sauvé ma fille, va en paix » (Luc 7.36-50). Cette femme se fichait pas mal de l'incrédulité ambiante et suivit ses convictions. Sa foi est aujourd'hui un modèle pour tous les croyants.

Bien entendu, il nous arrive d'emprunter un mauvais chemin, et certaines personnes expérimentées et sages nous mettrons en garde. Nous ne devons pas être butté mais être attentif à ce qu'ils ont à dire. Mais dans la mesure où nous savons ce que nous devons faire, nous ne devons pas nous laisser abattre par l'incrédulité ambiante.

Chaque jour un nouveau départ

« Les bontés de l'Eternel ne sont pas épuisées, ses compassions ne prennent pas fin, elles se renouvellent chaque matin… » Lamentations 3.22-23

L'une des raisons pour laquelle les gens ne jouissent pas pleinement de leur vie est qu'ils ne savent pas aborder chaque journée d'une manière fraîche et nouvelle. Ils vivent dans les erreurs ou les déceptions de la veille, ressassent les torts subis ou croulent sous un lourd fardeau de culpabilité à cause de leurs propres erreurs. Nous devrions aborder chaque journée d'une manière entièrement nouvelle.

Votre bonheur suivra votre capacité à vous débarrasser des déceptions de la veille et à prendre chaque jour un nouveau départ.

Ainsi, dès le pied du lit, prenez la décision de ne plus amener votre *hier* dans votre *aujourd'hui*. Pardonnez à votre ami, votre proche ou votre patron. Si vous n'avez pas atteint les objectifs que vous vous étiez fixé, ne vivez pas dans le remord. Si vous avez péché dans un domaine, recevez la grâce pour vous-même et ne vous sentez pas obligé de crouler sous la condamnation avant de recevoir le pardon.

Chaque levé du soleil est un cadeau de Dieu dont vous devez profiter. Si vous attendez d'être parfait, que tout le monde soit gentil envers vous ou de ne plus avoir de problèmes, vous risquez alors de passer votre vie sans en avoir aimé un seul jour. La vie est comme un château en perpétuelle construction et vous ne pouvez, en l'occurrence, attendre que l'œuvre soit définitivement achevée pour en jouir.

Tout d'abord, vous devez aimer la personne que vous êtes aujourd'hui et vous sentir pleinement accepté de Dieu, même si des traits de votre caractère vous déplaisent. Dieu a commencé une œuvre en vous le jour où vous Lui avez remis votre vie et Il vous change sans cesse plus à la ressemblance de Christ, mais cette œuvre ne prendra fin que lorsque vous aurez rejoint la patrie céleste. En l'occurrence, vous ne devez pas attendre d'être parfait pour avoir une bonne estime personnelle car vous ne le serez jamais, seul Dieu l'est. Si le salut est immédiat, la restauration est un processus. Voyez ce que Paul dit :

« Vous êtes des êtres nouveaux que Dieu, notre Créateur, renouvelle continuellement à son image pour que vous le connaissiez parfaitement. »
Colossiens 3.10

Ainsi, ne soyez pas bouleversé outre mesure au sujet de vos défauts car ils partiront avec le temps. Les choses sont sujettes à changer.

Je me souviens avec humour de ces années où j'étais fumeur. Je me brossais les dents et m'aspergeais de parfum pour ne pas sentir le tabac avant d'aller au culte afin que personne ne découvre mon *terrible secret*. Mais aujourd'hui, j'en suis totalement libre. Je me souviens aussi de mon esprit colérique, ma susceptibilité, ma timidité, mes blagues creuses ou mes réflexions stupides dans lesquelles je me couvrais de ridicule. Mais ces choses ont presque disparu aujourd'hui, sinon complètement. Je regrette d'avoir attaché trop d'importance à des choses qui, inévitablement, étaient appelées à disparaître avec la maturité. J'aurais ainsi plus aimé ma personne et aurais grandi plus rapidement.

Si vous avez fait une chose qui déplait au Seigneur, demandez-Lui pardon puis priez de sorte qu'Il vous aide à la vaincre, mais ne vous sentez en aucun cas un être inférieur. Ce point est très important.

Le diable fera toujours de son mieux pour vous rappeler vos incompétences, votre manque de discipline ou les torts qui vous ont été faits, car il sait qu'en vous rendant captif du passé, vous retiendrez Dieu d'opérer un miracle dans votre vie. Car voyez-vous, pour recevoir le *nouveau* de Dieu, nous devons déjà nous débarrasser de *l'ancien*.

Parfois, vous devrez même oublier les erreurs que vous avez faites il y a seulement trois minutes. Nous devrions passer par-dessus nos erreurs au fur et à mesure qu'elles se présentent et ne jamais en devenir captifs.

« Ne pensez plus aux premiers évènements, ne cherchez pas à comprendre ce qui est ancien ! Je vais faire une chose nouvelle, qui est déjà en germe. Ne la remarquerez-vous pas ? » Esaïe 43.18

Ce passage prophétique est une promesse de restauration faite aux juifs lorsqu'ils reconnaitront Jésus comme Sauveur. Mais pour ceux qui ont reconnu Sa seigneurie, cette promesse est déjà accomplie. Elle indique que lorsque nous Lui avons donné notre vie, Dieu a commencé une œuvre nouvelle en nous et qu'Il travaille à la développer et la conduire à terme. Seulement, vivre dans les remords et les frustrations passées Le retient d'agir.

Il y a quelques années, un alpiniste a voulu escalader seul une montagne, mais un rocher s'est décroché et s'est écrasé sur son bras. Pris au piège, l'homme a tout fait pour s'en dégager mais ses efforts n'en sont pas venus à bout. Il ne sentait plus son bras et ne pouvait plus le bouger. En fait, son bras était mort. Finalement, au bout de trois jours, se voyant mourir, l'alpiniste a pris la plus incroyable décision : il a coupé son bras mort avec ce qu'il a pu et a ainsi pu aller trouver du secours.

De même, vous devrez parfois vous débarrasser de ce qui est mort dans votre vie et qui vous retient captif pour aller trouver du secours.

Ne soyez pas bloqué sur vos échecs en disant « J'ai trop mangé hier», « Je n'aurais pas dû dire cela », « Je n'ai pas assez prié ». Mais dites au contraire « J'ai la force et la capacité de Dieu en moi. Si j'ai échoué hier, je vais réussir aujourd'hui car Dieu est avec moi. » Si des gens vous ont blessé, passez par-dessus. Il n'y a plus rien que vous puissiez faire pour votre passé mais vous pouvez faire quelque chose pour votre avenir.

Ne cédez pas à la crainte

« N'oublie pas que je t'ai recommandé d'être fort et courageux. Ne tremble pas, ne te laisse pas abattre, car moi, le Seigneur ton Dieu, je serai avec toi partout où tu iras. » Josué 1.9

Dieu fit la promesse au peuple hébreu de lui donner une terre où *couleraient le lait et le miel*. Nous avons tous une terre promise à conquérir, qui est un symbole des promesses de Dieu dont nous voulons voir l'accomplissement. Seulement, dès l'instant où vous commencerez à vous en emparer le diable va s'opposer à vous.

Satan ne peut pas empêcher les promesses de Dieu de s'accomplir à moins que nous lui en donnions l'autorisation. L'un de ces moyens est de nous amener à regarder aux impossibilités et aux circonstances négatives et ainsi de paniquer. Nous tombons alors dans la crainte et l'incrédulité et perdons le bénéfice de ce que Dieu faisait, ou était sur le point de faire.

Beaucoup de gens sont parfois sur le point de voir un miracle s'accomplir, ou *marchaient dans le miraculeux* et, au dernier moment, le diable a remplit leur cœur de crainte et ils en ont empêché le plein accomplissement. Dieu m'a enseigné ce principe plusieurs fois.

Il y a quelques années, je suis parti à Caen par la foi pour faire une école biblique. Je ne savais pas où j'allais coucher en arrivant et je ne connaissais pas cette ville. La veille de mon départ, avant de me coucher, j'ai alors commencé à transpirer et à être pris de panique. Une conviction s'est alors posée sur mon cœur : « Dieu a toutes choses entre Ses mains, ne crains pas. » J'ai donc rejeté toute crainte et me suis endormi tranquillement. Le lendemain, Dieu a orchestré les situations d'une manière étonnante et j'ai trouvé un appartement dans l'heure qui a suivi mon arrivée. Si j'avais cédé à la crainte envoyée par l'ennemi, je n'aurais jamais pu faire cette école et je serai rentré chez moi.

Nous marchons par la foi et non par la vue. Si nous marchons avec nos sens, nous aurons toutes les raisons de douter et de prendre peur. C'est exactement ce qui s'est passé avec Pierre.

Un soir Pierre vit marcher Jésus sur les eaux et voulu le rejoindre. Jésus l'invita alors et Pierre se mit, lui aussi, à marcher miraculeusement sur l'eau. Mais Pierre vit le mauvais temps et se mit à paniquer.

« Mais, voyant que le vent était fort, il eut peur et, comme il commençait à enfoncer, il s'écria : Seigneur, sauve-moi ! Aussitôt Jésus étendit la main, le saisit, et dit : Homme de peu de foi, pourquoi as-tu douté ? » Matthieu 14.30-31

Pierre avait eu la foi pour se tenir dans le miracle mais, en cours d'exécution, il a commencé à porter des regards inquiets et s'est enfoncé dans l'eau. Il a perdu ainsi le bénéfice de sa foi.

C'est parfois ce qui se passe chez nous : nous n'avons pas trop de mal à parcourir quatre vingt dix pourcent du trajet et nous voyons Dieu commencer à agir mais, arrivé aux derniers mètres qui nous séparent de la ligne d'arrivée, nous doutons et la victoire s'enfuie comme un oiseau effrayé par un bruit.

Lorsque nous nous attendons à Dieu dans un domaine, nous devons croire et rester confiant jusqu'à la victoire finale, sans tenir compte des circonstances négatives. Le fait que les choses semblent empirer alors que vous *combattez le bon combat de la foi* est une astuce de l'ennemi pour vous amener à douter. Vous devez rester fort et ne pas lui céder.

A chaque fois que nous nous tenons sur l'offensive pour conquérir notre terre promise, nous serons souvent tentés d'être impressionnés et apeurés par les circonstances. C'est pourquoi à la veille de la conquête de Canaan, Dieu dit à Josué, leader du peuple hébreu « Ne crains pas mais sois fort et courageux ».

Ne vous étonnez pas si, alors que vous vous tenez sur la brèche en faveur de votre couple, de vos enfants ou de vos finances, la situation semble empirer. Le diable s'oppose à vous parce qu'il sait que la victoire totale approche. N'avez-vous jamais remarqué que, depuis que vous êtes chrétien, les choses semblent parfois aller plus mal ? Le diable perd de l'ascendant sur vous et cela lui déplait. Mais si vous restez ferme la réponse viendra. Les grandes victoires se remportent souvent par de grandes batailles mais le résultat final en valait la peine.

La crainte est un sentiment plutôt normal et naturel, et nous y sommes tous sujets, mais nous pouvons l'empêcher de s'installer. Lorsque les vents commencent à souffler, ne paniquez pas. Reprenez votre calme, louez Dieu et proclamez votre foi avec assurance. Dites « Seigneur, je ne vais pas m'inquiéter. Je sais que tu as toutes choses entre Tes mains et que la victoire totale arrive. »

Portez du fruit là où vous êtes

« Si vous portez beaucoup de fruit, c'est ainsi que mon Père sera glorifié et que vous serez mes disciples. » Jean 15.8

Porter du fruit ne dépend pas des circonstances, mais c'est une attitude de la vie. Certains possèdent tout et n'en portent pas tandis que d'autres n'ont rien mais ne cessent d'en porter. Quelque soit les circonstances, aussi négatives soient-elles, ils trouvent toujours le moyen d'avancer en toutes choses.

Vous pensez peut-être ne pas être né dans la bonne famille, ne pas être *couleur local*, que les circonstances vous desservent, mais vous pouvez porter un fruit abondant si vous adoptez la bonne attitude.

Cette bonne attitude consiste à faire de votre mieux dans les opportunités qui s'offrent à vous. Si vous faites de votre mieux avec ce qui est à votre portée, alors Dieu et les hommes verront votre bonne volonté et vous établiront sur de meilleures choses.

Il y a quelques années, je cherchais un nouveau travail et, comme j'appris que le quotidien local cherchait des correspondants de presse, j'ai proposé mes services. Ma tâche consistait à aller à la pêche aux infos de mon quartier et écrire de petits articles. Je ne travaillais pas à plein temps et j'étais très peu payé. J'aurais pu me plaindre de cette situation et faire le minimum car, après tout, cela n'en valait guère la peine. Mais j'ai fait de cette situation mon opportunité et donné le meilleur de moi-même.

Bien des correspondants refusaient de couvrir certains évènements le week-end parce qu'ils avaient des repas de famille ou toutes sortes d'obligations, mais comme je me rendais disponible et que j'étais plein de bonne volonté, à chaque fois que l'un d'entre eux se désistait, on se tournait vers moi et je couvrais l'actualité locale. Petit à petit je me suis fait une place dans la presse et l'on ma confié sans cesse plus de responsabilités. Finalement, l'un des chefs d'agence m'a proposé de travailler à plein temps et je me suis retrouvé journaliste professionnel sans avoir jamais fait d'études.

Voyez-vous, cela ne sert à rien de se plaindre de ce que choses vont mal, mais il vaut mieux se demander « Que puis-je faire avec les moyens dont je dispose ? », «

Trop de gens se plaignent de leur vie et n'avancent pas car ils attendent que tout aille dans leur sens. Ils se plaignent de ce mari, de cette femme, de ce boulot ou du chômage. Mais Dieu ne bénit pas les râleurs. Les situations de la vie peuvent devenir votre opportunité si vous êtes actif.

> ***« Des mains nonchalantes attirent la pauvreté, des mains actives procurent la richesse »*** Proverbes 10.4

Ne vous plaignez pas de votre situation familiale, de la santé de votre couple, de votre niveau d'étude. Etudiez les possibilités et voyez ce que vous pouvez faire. Donnez le meilleur de vous dans chacune dans ces choses. Si vous voulez que Dieu vous bénisse et qu'Il apporte une croissance, vous devrez donner à Dieu des semences à bénir. La foi seule ne suffit pas et toute récolte doit être précédée d'une action.

> ***« ...la foi sans les œuvres est morte »*** Jacques 2.26

Porter du fruit ne dépend pas des situations, c'est une nature. Dieu vous a donné Sa nature et Sa capacité lorsque que vous avez accepté Christ comme Sauveur et Seigneur. Il a planté en vous, non pas des situations de succès, mais la nature même du succès. Ce qui est bien plus intéressant.

Un homme ou une femme qui attend que tous les éléments de la réussite soient rassemblés est une personne incrédule car elle marche par la vue, et non par la foi. Elle est dépendante de son environnement et vivra toujours dans l'esclavage. En revanche, quelqu'un qui cherche à libérer du fruit en toutes circonstances transforme son environnement à sa convenance.

Bien des gens n'ont jamais libéré leur potentiel véritable parce qu'ils ont regardé à la taille de leur don. Un sentiment d'infériorité les a paralysé. Nous voyons cela dans la *Parabole du mauvais serviteur* (Matthieu 25.14-30). Il n'a jamais libéré son unique talent parce qu'il le trouvait insignifiant.

Semez le peu de foi, de savoir-faire ou de talent que vous avez. Semez également vos sourires, votre gentillesse, votre nature respectueuse, votre intégrité et votre fidélité. Soyez toujours ponctuel. Semez ce que vous pouvez vis-à-vis de votre femme, de vos enfants, même si cela ne vous semble pas conséquent. Dieu et les hommes vous récompenseront et vous béniront en retour. Dieu vous donnera alors plus de talents afin que vous alliez sans cesse plus loin et plus haut.

Provocateur de destinée

Dieu a pour chacun de nous une destinée unique. Nous ne sommes pas sur terre par accident et Il nous avait appelé avant même la fondation du monde à de bonnes œuvres. Notre vie a un sens et une direction.

Cependant, nous avons aussi besoin de recevoir des autres une impulsion pour nous propulser et nous élever, et vous pouvez être cette personne. Vous pouvez être un provocateur de destinée, celui qui discerne chez l'autre un potentiel et le met au défi d'accomplir de grandes choses.

Personne ne se trouve là où il est aujourd'hui sans qu'une personne ne l'ait encouragé. Voyez l'histoire passionnante d'Esther :

Esther était une adolescente si belle que toutes les portes s'ouvraient devant elle sans qu'elle n'ait à fournir le moindre effort. Le roi perse Xerxès en tomba amoureux et la pris pour épouse après s'être séparé de sa femme Vasti.

La communauté juive subissait chaque jour l'hostilité du royaume perse et le 1er ministre Haman, qui détestait les juifs, parvint à convaincre le roi de faire voter une loi pour les exterminer un jour spécifique.

Sans être méchante, Esther était relativement égocentrique car elle n'avait aucune conscience de son potentiel ou d'un appel à délivrer une nation. Elle comptait juste sur sa beauté pour sauver, au minimum, sa propre peau.

Mais un jour son cousin Mardochée a su discerner la volonté de Dieu dans sa situation et lui a dit cette phrase qui a totalement bouleversé sa vie :

« Ne t'imagine pas que tu pourras échapper, toi seule, au sort des juifs parce que tu vis dans le palais. Si tu refuses d'intervenir dans les circonstances présentes, les juifs recevront de l'aide d'ailleurs et ils seront sauvés. Toi, par contre, tu mourras et ce sera la fin de ta famille. Mais qui sait ? Peut-être est-ce pour faire face à une situation que tu es devenue reine. » Esther 4.12-14

Dès lors, la vie d'Esther a pris un tournant radical et son esprit courageux s'est révélé. Elle a invité la population à jeûner et à prier, elle a plaidé la cause des juifs auprès du roi au prix de sa propre vie, puis elle a démasqué la fourberie d'Haman.

Grâce à elle et son cousin Mardochée, une nation entière a été préservée de l'extermination, les juifs se sont vengés de leurs ennemis, ils se sont enrichis, et Mardochée est devenu un 1er ministre puissant à la place d'Haman.

Esther a joué un rôle majeur dans le salut de la nation.

Maintenant, comprenez ceci : il n'y aurait pas eut d'Esther s'il n'y avait pas eut un Mardochée pour la révéler. Un esprit fort sommeillait en elle et un appel planait sur sa vie mais une voix devait se lever et mettre en lumière le don de Dieu en elle.

Jusqu'à présent, Esther déambulait dans les couloirs du palais en disant « Je suis si beeelle. » Cela révélait son peu d'amour propre, car une personne qui résonne ainsi se limite et sous-estime sa valeur. Cela vient du fait que sa vie n'avait ni sens ni direction.

Mais son cousin lui a remis les idées en place et lui a dit « Réveille-toi ma petite. Tu n'es pas qu'un pot de fleur. Tu vaux tellement plus. Dieu t'a peut-être placé dans cette situation pour un but. »

Ses yeux se sont alors ouverts et elle a saisi la valeur de sa vie.

Vous pouvez être un Mardochée qui discerne la volonté de Dieu sur la vie d'une personne et l'encourage. L'orientation de toute une vie peut dépendre de vos encouragements.

Pour qu'une fusée s'arrache à la pesanteur terrestre et gagne le cosmos, on doit l'équiper de propulseurs suffisamment puissants. Le calcul que l'on fait pour équiper des propulseurs tient compte de ce que l'on appelle la *force d'arrachement*.

Votre bouche peut être cette *force d'arrachement* qui va permettre à quelqu'un d'échapper à l'attraction terrestre et gagner en altitude.

Vous pourrez parfois faire remarquer aux gens la médiocrité de certains de leurs agissements, tout comme Mardochée a été franc et direct vis-à-vis d'Esther, mais faites-le avec un bon esprit et dans un esprit de défi.

Ne vous focalisez pas sur ce qu'ils font de mal, mais surtout sur le bien qu'ils peuvent faire.

Parler le langage des disciples

« Le Seigneur m'a donné le langage des disciples pour que je sache soutenir par la parole celui qui est abattu... » Esaïe 50.4a

Selon une étude, il existerait approximativement 63.000 langues et dialectes dans le monde. Mais savez-vous que le disciple possède sa propre langue ? Le prophète Esaïe dit que Dieu lui a donné le *langage des disciples*. Et ce langage consistait à soutenir celui qui est abattu.

C'est le langage de la foi, de la possibilité, de l'édification. Vos paroles sont des semences que vous plantez dans le cœur des gens et qui leur permettront plus tard d'obtenir une récolte.

Avant qu'une chose quelconque ne vienne à l'existence dans le monde tangible, elle doit d'abord naître dans le cœur d'une personne.

J'avais une collègue de travail qui ne pouvait pas avoir d'enfant et je lui ai proposé un jour de prier pour elle. Après lui avoir imposé les mains, j'ai réalisé que la prière ne suffirait pas dans son cas. Je sais par expérience que les gens sont souvent limités à cause de l'incrédulité ou d'une méconnaissance de la Bible.

Je devais donc planter de bonnes semences dans son coeur.

Tout au long des semaines, lorsque je la croisais, je lui disais « Comment vas-tu appeler l'enfant ? », « Comment allez-vous tous les deux ? », « Comment se porte le bébé ? » Elle me répondait sans cesse « Peut-être que j'en aurai un », « Si Dieu veut... », ou « J'espère que... ». Elle manquait en fait d'assurance.

Mais après plusieurs mois de semailles intensives, elle s'est mise à parler différemment et m'a dit un jour « Il faut que je travaille moins dur pour ménager le bébé. » Puis, surprise de sa propre parole, elle m'a dit « Eh Olivier, je commence à parler comme toi ! » J'ai alors pensé « Oh, oh, une récolte est sur le point de venir. »

Quelques jours plus tard, bouleversée, elle m'a dit « Olivier, j'ai une nouvelle à t'annoncer : je suis enceinte. » Je lui ai répondu « Mais je n'arrête pas de te le dire. Tu me crois enfin ? »

Nous avons cette capacité à bâtir des réalités dans le cœur des gens et les conduire à un nouveau niveau. Il n'y a pas de plus grand but dans notre vie.

Ce n'est pas de l'optimisme stupide, mais nous ne faisons que **rappeler** aux gens ce qu'ils sont **déjà** – et ils ont des capacités – ou ce qu'ils ont **déjà** en Jésus.

Certains diraient « Mais j'ai moi-même tellement de problèmes, comment pourrais-je encourager quelqu'un ? » Peut-être, mais vous êtes un disciple, c'est votre nationalité, votre ethnie, votre citoyenneté. Vos papiers sont en règles. Et aussi longtemps que vous serez un disciple, vous en aurez le langage.

Vous pourrez parfois encourager quelqu'un alors que vous êtes précisément celui ou celle qui a en le plus besoin.

Nous ne devrions pas parler en fonction de ce que nous sommes, mais de ce que la Bible dit. Nous pouvons enseigner la guérison, le mariage, la provision matérielle, même si nous sommes malade, pauvre ou célibataire (gloire à Dieu, les choses sont appelées à changer).

Ensuite, voyez cette autre chose que dit Esaïe :

> *« Chaque matin, il réveille mon oreille pour que j'écoute comme le font les disciples. »* Esaïe 50.4b

Esaïe tendait l'oreille pour écouter Dieu lui dire ce qu'Il devait dire aux juifs.

Nous pouvons écouter notre cœur car Dieu y plante souvent des paroles pour encourager ou conseiller quelqu'un. Cela peut être aussi un sourire, une accolade, pourvoir à un besoin quelconque.

Nous devons cesser de ne penser qu'à nous-même mais être attentif au Saint Esprit, car il y a de grandes chances qu'Il cherche à nous utiliser.

Un jour, je me promenais en ville avec un ami et il me partageait ses problèmes. C'était un évangéliste *tout feu tout flamme* et il arrêtait souvent les gens dans la rue pour leur parler de Jésus, ou prier pour les malades. Il obtenait beaucoup de résultat.

Mais des religieux lui disaient « Attention aux débordements, ne tombe dans la chair », « Tu es zélé car tu es un jeune chrétien, mais cela partira avec le temps ».

Mais une conviction à peine perceptible m'a dit « Dis-lui de continuer dans cette voie, de ne pas se décourager, de cesser d'écouter ces incrédules. » Après le lui avoir dis, il m'a répondu « Olivier, cette parole vient vraiment de Dieu. Tu ne peux même pas t'imaginer. C'est exactement ce que j'avais besoin d'entendre ».

Enfin, vous pourrez parfois encourager et continuer à aimer les gens même s'ils ne vous rendent pas cet amour. Esaïe dit plus loin :

« J'ai livré mon dos à ceux qui me frappaient et mes joues à ceux qui m'arrachaient la barbe ... » Esaïe 50.6

Paul dit aussi :

« ...insultés, nous bénissons, persécutés, nous supportons, calomniés, nous consolons... » 1 Corinthiens 4.13

Traiter les gens avec honneur

Nous devrions continuellement montrer de l'honneur aux gens et ne pas les traiter comme des passagers de seconde classe. L'honneur, c'est lorsque nous leur accordons du crédit, que nous les respectons, que nous ne les rabaissons pas, que nos paroles les élèvent.

Lorsque nous honorons quelqu'un, nous ne semons pas seulement dans sa vie, mais aussi dans la nôtre.

J'ai commencé à sérieusement prêcher dans une église congolaise. Or, les africains sont très respectueux des ministères et m'appelaient « Évangéliste Olivier ». Cela m'incommodait car je craignais que l'on me mette sur un piédestal. Je leur ai donc dis « Non, appelez-moi simplement Olivier ». Puis le Seigneur m'a repris et m'a dit « Non, laisse-les t'honorer. Tout d'abord, je t'ai oint et tu ne dois pas en avoir honte. D'autre part, c'est un moyen que je leur donne pour être bénis, car quand ils t'honorent, je les honore. Ne leur refuse pas cela. »

Je ne dis pas que vous deviez faire pareil et faire précéder votre nom d'un titre, ou appeler les ministres « pasteur Pierre » ou « évangéliste Antoine », mais comprenez l'esprit de mon message. Nous devons honorer ceux que Dieu a élevés, et cela est une semence que nous plantons en terre pour notre propre vie.

Je suis d'accord pour dire qu'il y a des ministres charnels et rétrogrades, mais certains, sans être parfaits, sont sérieux et sincères. Nous devons en l'occurrence les honorer (Matthieu 10.40-42).

J'ai entendu l'histoire d'une fillette de dix ans, au Brésil, qui exerce un ministère d'évangéliste. Cela ne l'empêche pas d'être une petite fille de son âge qui - lorsqu'elle ne prêche pas - joue à la poupée, fait des câlins à son papa et sa maman, a peur des chats qui marchent sur le toit... Mais quand les gens la croisent, dans la rue, à l'école, ils lui disent « Bonjour pasteur », « Prenez place pasteur », « Tenez, voici la craie pasteur »... Elle est hautement respectée, car elle est une ointe de l'Éternel.

Si vous voulez que Dieu vous utilise dans le ministère, alors vous devrez passer les tests de Dieu et apprendre à honorer les envoyés de l'Éternel. Si vous ne le faites pas, vous tournerez en rond malgré votre excellente théologie.

Une femme pécheresse est venue un jour à Jésus, a brisé un vase rempli de parfum et la versé sur Ses pieds. Puis elle s'est mise à pleurer et a essuyé Ses pieds de ses cheveux. Puis Jésus lui a dit « Femme, tes péchés sont pardonnés. »

L'attitude de cette femme relève de l'honneur et elle a récolté du Seigneur en retour. Les pharisiens, qui se félicitaient de leur piété et de leurs performances religieuses, ont été choqués par son attitude car ils ne comprenaient rien à l'honneur.

Voyez-vous, lorsque vous montrez de l'honneur à une personne, c'est Dieu que vous honorez, et Il vous honorera en retour, un jour où l'autre.

Nous devons également honorer et respecter la police, et ne pas les tailler en pièces s'ils nous arrêtent. N'engagez pas un bras de fer avec eux mais restez courtois.

Un jour, j'ai été arrêté par deux agents car je n'avais pas mis ma ceinture de sécurité. Je la mets toujours, mais j'étais persuadé que je l'avais mise car j'avais encore la sensation de mon sac en bandoulière sur mon torse. Mon cerveau m'avait joué un tour. Finalement, ils m'ont retiré des points sur mon permis. Cela était injuste car je n'y étais pour rien, mais je n'en ai pas fait un drame. J'ai avalé ma salive et j'ai poursuivi nonchalamment ma journée.

L'honneur se joue aussi dans notre famille. Nous voyons l'honneur des enfants envers leurs parents :

« Enfants, obéissez à vos parents selon le Seigneur, car cela est juste. Honore ton père et ta mère — c'est le premier commandement accompagné d'une promesse — afin que tu sois heureux et que tu vives longtemps sur la terre. »
Ephésiens 6.2-3

Puis l'honneur des hommes envers leur épouse :

« Maris, honorez vos femmes de sorte que rien ne fasse obstacle à vos prières. »
1 Pierre 3.7

Ne laissez pas la comparaison, la jalousie, et la compétition empoisonner votre vie et vous empêcher de respecter les autres, et traitez-les de la manière dont vous souhaiteriez qu'ils vous traitent.

Dieu a placé les gens sur votre passage intentionnellement dans le but que vous les aidiez à rentrer dans leur destinée divine. Vous n'irez jamais là où vous souhaitiez sans qu'une personne n'ait d'abord cru en vous et ne vous ait traité avec honneur.

Après que le fils prodigue soit revenu vers son père, qui est une image de Dieu, son père lui a remis une bague. Cela est aussi un symbole de l'honneur. Nous voyons aussi l'honneur de la part de Jésus envers Ses disciples, lorsqu'Il S'est abaissé à leur laver les pieds. L'honneur est vraiment partout dans la Bible, et vous trouverez bien d'autres exemples ailleurs.

Vous avez le droit de ne pas être d'accord avec une personne, et d'exprimer un point de vue contradictoire, mais veillez à respect aimable et respectueux. Avant de prendre la parole, ou laisser des commentaires sur un forum de discussion, posez-vous la question « Quel est l'état de mon cœur ? Est-ce que je parle sous l'influence de blessures non guéries, de l'amertume, le plaisir de contredire ? Suis-je animé par l'amour ou l'envie de cracher mon venin ? »

Les motivations de notre cœur sont plus importantes que ce que nous disons.

Ecoute ton cœur

Dieu nous parle exceptionnellement par des visions ou des prophéties, mais c'est par notre cœur qu'Il nous parle la plupart du temps. Notre cœur peut parler plus clairement qu'une voix et si nous savons l'écouter, nous y recevrons de précieuses informations pour notre vie.

Trop souvent, nous n'avons pas suffisamment confiance en notre jugement ou notre intuition propre car nous pensons que le Saint Esprit parle nécessairement d'une manière forte et démonstrative.

Cela arrive fréquemment chez les gens qui, comme moi, ont été bercés dans les biographies saisissantes d'hommes de Dieu.

Lorsque je me suis converti, j'avais demandé au Seigneur de m'indiquer Sa volonté pour ma vie et un désir de faire une école biblique s'est posé sur mon cœur. Seulement, à l'époque, j'étais galvanisé de témoignages de gens à qui le Seigneur était apparu d'une manière extraordinaire, et je m'attendais à ce qu'Il fasse de même avec moi.

Mais cette manifestation n'est jamais venue, et j'ai tourné en rond pendant dix longues années sans savoir quoi faire de ma vie.

Puis au terme de ces dix années, je me suis décidé à faire cette école biblique. Les portes se sont alors ouvertes prodigieusement et j'ai vraiment vu la main de Dieu. J'avais enfin Sa faveur car j'étais dans Sa volonté.

Dieu nous parle plus souvent qu'on ne le pense, mais nous ne savons pas L'entendre car nous nous attendons à ce qu'Il nous parle d'une manière hollywoodienne, avec plein d'effets spéciaux.

Le Seigneur veut surtout nous apprendre à écouter notre cœur, car nous sommes un peuple de conviction plus que de miracles. Nous marchons par la foi et non par la vue.

Et d'autre part, si nous ne savons pas écouter notre cœur avant tout, nous n'obéirions pas quant bien même Il nous accorderait une manifestation spirituelle puissante.

Ainsi, écoutez les désirs de votre cœur. Certains désirs sont justes des fantaisies passagères de votre âme et partiront avec le temps, mais si d'autres s'accrochent à vous depuis des mois ou des années, alors il y a des chances que Dieu lui-même les y ait mis et que vous deviez les suivre.

Ensuite, ce qui nous retient d'écouter notre cœur et de penser par nous-même provient d'un complexe d'infériorité.

Nous préférons parfois suivre les enseignements ou nous plier à l'avis de ceux qui semblent plus expérimentés ou *plus saints*, même si ce qu'ils disent contredit nos convictions profondes.

Je me souviens que lorsque j'étais jeune converti, je lisais beaucoup de livres et d'enseignements traitant du fameux « message de la foi », donnés par d'illustres prédicateurs du Mouvement de la foi.

Mais leurs enseignements étaient peu équilibrés, sans nuances, inconsistants ou exagérés. Ils faisaient aussi de la chasse aux démons les tenants et les aboutissants de la vie chrétienne, laissant penser que nous pouvions obtenir de Dieu tout ce que nous voulions en chassant les démons, ou encore que toute la vie reposait sur l'unique principe de la foi (du moins l'interprétation qu'ils en avaient).

Leurs doctrines étaient d'autant plus convaincantes qu'ils semblaient obtenir beaucoup de résultats et qu'ils avaient de fréquentes visitations de Christ.

Mais une petite conviction intérieure m'a dit « Attention, leur doctrine n'est pas tout à fait juste. Ne rejette pas tout, mais prend du recul. » Mais je n'ai pas écouté cette mise en garde et je me suis égaré dans ces doctrines. Résultat ? Elles m'ont maintenu pendant des années dans l'immaturité humaine et spirituelle.

Voyez-vous, j'étais jeune et inexpérimenté à l'époque. J'avais une grande mèche rebelle qui me traversait le visage et je fumais un paquet de cigarettes par jour, mais cela ne signifiait pas que je n'étais pas capable d'entendre Dieu me parler.

Le fait qu'un prédicateur soit célèbre, et que vous soyez immature et novice, ne signifie pas qu'il ait raison sur toute la ligne et que vous ayez tort.

Dès l'instant où vous avez reçu Christ comme Seigneur, vous avez reçu Sa capacité pour distinguer la Vérité de l'erreur. Vous devez apprendre à écouter Dieu par vous-même.

« Car tous ceux qui sont conduits par l'Esprit de Dieu sont enfants de Dieu. »
Romains 8.14

En toutes choses, faites-vous votre propre opinion, tout en restant ouvert.

Enfin, ne soyez pas bloqué sur les Ecritures mais laissez l'Esprit vous conduire.

Norman et Rosemary, un couple de missionnaires que j'ai connu, se sont un jour rendu en Israël. Dans le bus, Norman s'est entretenu avec un juif très ouvert à l'Évangile, mais Rosemary a senti un signal dans son cœur lui dire « Quittez ce bus au plus vite. » Mais Norman lui a dit « Non, chérie, la Bible nous dit de faire des nations des disciples. Obéissons à la Bible. »

Rosemary a insisté et a dit « Je t'assure, nous devons quitter ce bus ». Ils sont alors descendu, le bus a fait quelques mètres et a explosé. Beaucoup sont morts.

Pour clore, ne tombez pas dans le piège de penser que tout ce qui vous passe par l'esprit vient de Dieu. Prenez votre temps devant chaque décision de votre vie et soyez sage. Mais gardez à l'esprit que votre cœur peut vous parler et vous communiquer de précieuses informations.

Elever son niveau d'expectative

Dieu peut faire bien plus dans nos vies que nous ne le pensons car Il est le Dieu tout-puissant illimité. Malheureusement, nous limitons parfois Son action à cause de l'image étriquée que nous en avons.

Bien qu'il soit Dieu, Il est tributaire de notre pensée et ne fera jamais plus que ce à quoi nos cœurs aspirent. Notre compréhension de Son caractère fixe les limites de notre expectative et, de fait, ce qu'Il va faire. Un petit Dieu amène de petits résultats tandis qu'un grand Dieu en amène de grands.

Ainsi, avant que le Seigneur ne fasse une œuvre en nous, Il va d'abord élargir notre cœur et notre pensée de sorte qu'ils soient suffisamment larges pour y accueillir une plus grande vision.

Une bouteille ne pourra jamais contenir plus d'eau que ses dimensions le lui autorisent ; Si le disque dur de votre ordinateur est saturé vous allez devoir ajouter une *extension de mémoire* ; Si l'on offre des vêtements trop grands pour bébé, bébé devra grandir.

Un épisode que j'aime beaucoup dans la vie d'Abraham et que je cite souvent traite de cela. Dieu lui avait promis d'en faire le père d'une grande nation mais son cœur ne parvenait pas encore se soumettre à cette vérité. Voyez ce que Dieu a alors fait :

« *...après l'avoir conduit dehors, il dit : Regarde vers le ciel et compte les étoiles, si tu peux les compter. Et il lui dit : Telle sera ta postérité...* » Genèse 15.5

Alors qu'Abraham considérait l'étendue céleste, sa compréhension de Dieu changeait et il reculait sans cesse plus les limites de sa pensée. La vision des étoiles modelait son esprit et le préparait à l'expansion, la croissance, la multiplication. Il était désormais prêt à voir Dieu agir à un plus haut niveau dans sa vie.

De la même manière, Dieu veut briser les limitations que nous nous imposons et reconstituer en nous une image plus juste de Lui. Le message ne peut être plus grand que le messager qui le porte.

Vous pouvez voir plus grand à votre sujet car le Dieu illimité vie en vous.

Bien souvent, l'échelle de valeur que nous utilisons n'a aucun fondement véritable et sage mais prend sa source dans notre histoire personnelle et restrictive.

Par exemple, il existe encore des indiens d'Amazonie qui ne s'aventurent jamais au-delà d'un territoire de quelques kilomètres car ils pensent qu'il contient toute la surface habitable, et qu'il n'y a rien au-delà. Leur compréhension du monde est limitée à l'idée qu'ils s'en font.

L'expectative de chacun varie en fonction de son passé et de son histoire. Tout est une question d'échelle et chacun a sa propre définition d'un mariage réussi, d'une grande maison, d'un bon salaire...

Si votre père gagnait cinq cent euros par mois, alors huit cent euros sera pour vous un gros salaire, et c'est ce que vous demanderez dans vos prières. Mais si votre père était milliardaire, alors vous prieriez pour un salaire au minimum égal au sien, et sans pour autant être animé par l'amour de l'argent.

Si encore vos parents se chamaillaient, alors ne pas vous chamailler avec votre conjoint sera votre définition d'un mariage réussi, et c'est l'objectif que vous vous fixerez sans chercher à faire mieux.

Les limites que nous posons sont strictement humaines et prennent rarement Dieu comme référence. Elles n'ont pas de légitimité spécifique et n'ont pas lieu d'être plus que d'autres.

En tant que chrétien, nous avons souvent mis Dieu dans une boîte à la dimension de la connaissance que nous en avions et non en fonction de Ses ressources illimitées. Nous avons raisonné comme cette petite fourmi qui s'imagine que cette quiche au fromage renferme toutes les richesses du monde. Mais les pensées de Dieu sont bien supérieures aux nôtres.

« Car mes pensées ne sont pas vos pensées, et vos voies ne sont pas mes voies, dit l'Eternel. Autant les cieux sont élevés au-dessus de la terre, autant mes voies sont élevées au-dessus de vos voies. » Psaumes 55.8-9

Dieu pense comme un Dieu car Il est un Dieu et l'homme pense tout petit car il est un homme. Tout est une question de point de vue. Pour un poisson rouge, l'univers est aussi grand que son bocal mais d'un point de vue humain, l'océan contient toute la surface habitable.

Maintenant, quelle est la taille de votre territoire : le bocal ou l'océan ? Quel point de vue voulez-vous adopter, celui du poisson rouge ou celui de Dieu ? Quelle est l'échelle que vous utilisez pour établir ce que pouvez accomplir dans votre vie ?

Sans prendre de décisions irresponsables, réalisons qu'en tant que fils et filles de Dieu, nous pouvons voler bien plus haut que nous ne le pensons.

« Mes frères, ne vous conformez pas au siècle présent, mais soyez au contraire transformés par le renouvellement de l'intelligence... » Romains 12.2

Êtes-vous prêt pour le changement ?

Le Seigneur ne nous a pas créé pour stagner, mais pour évoluer. Seulement, la nature humaine n'aime pas le changement. Bien des gens ont peur du changement et préfèrent conserver leur routine sécurisante. Ils ne sont pas spécialement satisfaits, mais ils se sont familiarisés avec leur condition, leurs amis, leurs mauvaises habitudes, leur travail.

Mark Twain a dit « La seule personne qui aime le changement est le bébé mouillé. »

Les années passent mais ils gardent les mêmes blessures, les mêmes rancunes, les mêmes complexes, les mêmes manies ; Ils ne se s'ont jamais risqué à louer Dieu au-delà des mains dans les poches ; Si une opportunité d'assumer de nouvelles responsabilités s'offre à eux, ils s'effacent...

Souvent, nous nous plaignons de notre condition et languissons après le changement, mais nous ne sommes pas prêts à payer le prix. Or, nous ne recevrons jamais les grandes choses de la vie sans faire les grandes choses qu'il est nécessaire pour les voir s'accomplir.

Pendant longtemps, un ancien collègue de travail retraité m'a téléphoné pour me partager ses problèmes et trouver conseil : Il souffrait de solitude et d'ennui. Il voulait aussi faire sa vie mais, selon lui, aucune femme ne s'intéressait à lui.

Un jour, je l'ai invité à l'une de nos réunions d'église. Lorsque je suis passé le prendre à son domicile, il était sal et empestait. Il n'avait pas fait sa toilette depuis deux jours, ses vêtements étaient maculés de tâches et chiffonnés, son appartement empestait.

Je lui ai dit « Claude, voilà pourquoi tu n'as pas d'amis : Tu ne fais aucun effort. Ton attitude relève du mépris envers celui qui t'invite, en l'occurrence moi, puis envers les gens, car tu ne cherches pas à te rendre beaux à leurs yeux. Comment veux-tu que les gens t'aiment si tu ne les aimes pas toi-même ? Ce n'est pas qu'ils soient superficiels, mais veiller à son apparence est une manière de les honorer.»

Il me téléphonait également pour que je l'aide à trouver une occupation. Je lui ai alors donné des idées et je l'ai aiguillé vers des associations, mais il ne s'y est jamais rendu.

Il était aussi facilement déçu par les gens car ils ne rentraient pas à la perfection dans le moule de son idéal. Je lui ai dit un jour « Si tu attends que les gens soient parfaits, tu ne t'intègreras nul part. Tu dois te montrer flexible et tolérant. Tu veux que les individus t'acceptent mais tu n'es pas prêt à les accepter tel qu'ils sont.»

De temps à autre, il m'appelle et se plaint toujours des mêmes problèmes. Il me pose toujours les mêmes questions et je lui apporte toujours les mêmes réponses.

Comme vous le voyez, cet homme aspirait au changement, mais sans vouloir rompre avec les mêmes schémas destructeurs qui l'ont ralenti toute sa vie et sans faire d'efforts.

Nous ne pouvons semer en terre un type de semence et nous attendre à récolter une plante d'un autre type. Ou encore, nous ne pouvons pas ne rien semer du tout puis penser que quelque chose va sortir de terre.

Cette phrase peut sembler ne rien vouloir dire, mais « il n'y a pas de changement sans changement », ou « seul le changement amène un changement. »

Nous voyons cela aussi avec le peuple hébreu du temps de l'exode. L'Éternel avait demandé à Moïse de les conduire en Canaan, *une terre où coulaient le lait et le miel*, seulement, le cœur de ce peuple était dur et ils ne cessaient de se plaindre des adversités rencontrées sur leur trajet.

« Nous nous souvenons des poissons que nous mangions en Égypte, et qui ne nous coûtaient rien, des concombres, des melons, des poireaux, des oignons et des aulx. » Nombres 11.5

Ils préféraient encore l'esclavage facile, plutôt que la terre de liberté au prix du changement. Par la suite, vous apprendrez que tous sont morts, et que seul Josué, Caleb, et la jeune génération sont entrés en terre promise.

Savez-vous que certains criminels commettent des crimes rien que pour retourner en prison ? Ils se sont tellement habitués à la captivité que la liberté leur fait peur ! Ils trouvent une certaine sécurité dans la médiocrité car elle leur est familière.

Enfin, une autre raison pour laquelle nous stagnons est que nous nous accrochons à ce qui nous a été profitable autrefois. Mais que Dieu nous ait béni un temps, ou qu'une chose ait été bonne autrefois, ne signifie pas qu'elle le sera indéfiniment. Le Seigneur a quelque chose de nouveau.

« Ne vous souvenez pas des choses précédentes, et ne considérez pas les choses anciennes. Voici, je fais une chose nouvelle ; maintenant elle va germer, ne la reconnaîtrez vous pas ? Oui, je mettrai un chemin dans le désert, des rivières dans le lieu désolé. » Esaïe 4.18-19

Ayez des attentes réalistes au sujet des gens

Nous sommes souvent déçus par les gens car nous attendons d'eux qu'ils soient parfaits, qu'ils répondent en tout point à nos attentes. Mais cela n'est pas réaliste car personne n'est parfait. Le parfait conjoint, fils ou fille n'existe pas et ils ne pourront jamais pleinement nous satisfaire.

Ainsi, ayez des attentes réalistes à leur sujet et accordez-leur la grâce d'être humains, de ne pas faire les choses parfaitement. Seul Dieu est notre source et aucun homme, aussi mature soit-il, ne saura pleinement nous contenter.

Lorsque nous fondons des espoirs irréalistes chez une personne, nous mettons de la pression sur sa vie et cela produit toujours de la frustration et de l'amertume. Cela risque aussi de miner gravement nos relations ou, tout du moins, leur empêcher de prendre l'envol qu'elles auraient pu.

Si nous exigeons d'une personne qu'elle fasse les choses exactement à notre idée, ou de la forcer à changer au sujet d'un trait de caractère, elle va se braquer. Ou encore, elle va changer un temps, mais cela ne durera pas car la pression n'amène jamais de véritable changement.

Nous ne pouvons changer une personne que Seul Dieu peut changer.

L'attitude correcte sera donc de cesser de mettre la barre trop haut ou d'être constamment derrière son dos.

Détournez ainsi votre attention de ce qui vous irrite et concentrez-vous plutôt sur ce qu'elle fait de bien ou ce que vous aimez chez elle, notamment les petites choses.

« *...n'aspirez pas à ce qui est élevé, mais laissez-vous attirer par ce qui est humble.* » Romains 12.16

Chaque personne a des qualités, et nous devons apprendre à les reconnaître et les apprécier. Nous avons d'ailleurs plus de raisons d'aimer une personne que d'en être irrité.

Rappelez-vous pourquoi vous êtes tombé amoureux de lui ou d'elle. Souvenez-vous, monsieur, que lors de votre premier rendez-vous, elle était parfaite (elle ne sentait pas des pieds à l'époque !).

Ne soyez pas focalisés sur les défauts de vos enfants et reconnaissez honnêtement leurs qualités. Peut-être que leur caractère rebelle, leur apathie ou leur besoin d'isolement vous irrite, mais rappelez-vous que vous étiez pareil à leur âge.

Vous devez aussi admettre que les gens sont différents de vous et qu'ils ne voient pas nécessairement la vie de la même manière. Ce qui vous passionne n'est pas ce qui les passionne et vous ne pouvez pas les forcer à faire une chose qu'ils n'aiment pas, ou qui va à l'encontre de leur personnalité.

Vous ne pouvez pas forcer votre enfant à s'orienter vers les sciences si les arts le passionnent. Vous ne pouvez pas forcer quelqu'un à manger un aliment qu'il déteste. Ne cherchez pas à changer les gens à votre image mais encouragez-les plutôt à devenir qui ils sont. Accordez-leur la grâce d'être eux-mêmes.

En fait, le meilleur moyen d'amener une personne à grandir est de porter notre attention sur le positif, plutôt que sur le négatif. Si vous vous focalisez sur le négatif, le négatif se développera, mais si vous portez votre attention sur le positif, c'est le positif qui se développera.

Ensuite, sachez que la bonne attitude que vous adoptez à l'égard d'une personne est une semence que Dieu va utiliser pour la changer.

Un homme que j'ai connu avait des problèmes dans son couple et il priait sans cesse « Seigneur, change ma femme », mais Dieu finit par lui dire « C'est à toi de changer. » Il comprit alors que c'est dans la mesure où il changerait premièrement que son épouse changerait.

Vous devez donc sortir de votre vallée et monter sur la montagne. Les gens iront là où se trouve la lumière. Ce que vos paroles n'ont pas réussi à changer, votre vie en offrande à Dieu le fera.

Je ne dis pas que nous ne devions pas parfois reprendre les gens, quitte à les brusquer, mais nous devons avoir la sagesse de savoir *quand* le faire, et de *quelle manière*.

Il est bon qu'une femme marque sa désapprobation envers son mari, et que le mari marque sa désapprobation envers son épouse. Mais parfois, la meilleure chose à faire sera de prendre sur soi et de laisser Dieu faire Son œuvre, en Son temps.

Enfin, une autre personne envers qui nous devons avoir des attentes réalistes est nous-mêmes. Nous devons accepter nos limites.

Ceux qui vivent sous la pression de devoir faire des choses qu'ils ne peuvent pas, ou d'être quelqu'un qu'ils ne sont pas, deviennent légalistes et désagréables. Fautes de pouvoir atteindre les objectifs qu'ils se sentent obligés d'atteindre, ils forcent les autres à les faire et leur reprochent de ne pas y parvenir. Ils deviennent de vrais pharisiens et plus personne n'apprécie leur compagnie. Ils ne savent pas accorder la grâce aux autres car ils ne l'ont jamais reçu pour eux-mêmes.

Mais lorsque vous vivez dans la grâce, vous êtes bien dans votre peau. Vous ne vivez plus sous la pression des exigences et vous êtes ainsi plus détendu. Cela vous rend à l'aise avec Dieu et les autres, et vous êtes plus enclin à faire ce que Dieu aime car vous êtes désormais motivé par l'amour, et non plus par la « loi ».

Développer des relations saines avec les autres

Certaines personnes ne parviennent pas à développer des relations saines parce qu'elles traitent les gens d'une manière infecte. Puis, plutôt que d'admettre que leur attitude est la racine du problème, elles tiennent les autres pour responsables et répètent indéfiniment le même schéma destructeur, se mettant continuellement les gens à dos.

Une dame demanda un jour à un pasteur « Je me suis marié cinq fois, et j'ai divorcé de tous. Pourriez-vous prier pour que Dieu m'envoie enfin un homme bien ? » Mais ce pasteur eut le courage de lui dire « N'avez-vous jamais remarqué, chère dame, que l'élément commun entre ces cinq maris…c'était vous ? »

Il arrive que des gens se soient dressés devant nous et nous aient blessés, retardant ainsi notre avancée, mais notre attitude immature est parfois la source du problème.

Si les gens nous rejettent et si nous ne prospérons pas dans nos relations, c'est parfois parce que nous les traitons mal.

« La bonté fait du bien à celui qui l'exerce, mais la cruauté se retourne contre son auteur. » Proverbes 11.17

Le meilleur moyen de grandir sera donc d'admettre honnêtement que notre attitude vis-à-vis des gens est mauvaise puis de faire les ajustements nécessaires.

Que les gens soient chrétiens ne les oblige pas non plus à vous fréquenter. S'ils vous rejettent après que vous les ayez blessés, ils auront raison. Qui se risquerait à caresser un chat belliqueux ? Ou saisir des orties à pleine main ?

Les réactions des gens à notre encontre ne sont que le reflet de notre propre attitude envers eux. Les gens ne font que répondre aux signaux que nous leur envoyons. Cela est particulièrement clair selon cette traduction :

« On trouve dans l'eau le reflet de son propre visage, on trouve chez les autres le reflet de ses propres sentiments. » Proverbes 27.19 (FC)

L'une des raisons pour lesquelles certains ont parfois du mal à développer des relations saines vient du fait qu'ils sont captifs de leur passé.

Par exemple, certains disent « Si je rejette les autres, c'est parce que l'on m'a rejeté autrefois », ou « Si je traite mal mon fils, c'est parce que m'on père m'a maltraité lorsque j'étais petit. »

Mais que les gens nous aient fait du mal autrefois ne signifie pas que nous devions en faire à notre tour. Quelque soit les torts qui nous ont été faits, nous ne devons pas rester les victimes de notre passé.

Il ne s'agit pas d'ignorer la souffrance, car elle est bien réelle, mais nous ne devons pas rester indéfiniment dans une position de victime et faire du mal à notre tour. Un temps de chagrin est légitime mais il n'est pas normal que ce chagrin s'éternise.

Aujourd'hui, certaines personnes ne guérissent pas de leurs blessures parce que, plutôt que de s'extraire du passé et donner à leur vie une nouvelle orientation positive, elles s'y complaisent et entretiennent leur feu.

Un cinéaste et acteur chrétien américain Tyler Perry parle très bien de ce sujet dans l'un de ses films. Il s'agit de *Madea goes to jail*.

Dans une séquence, une pasteure s'adresse à des détenues et leur dit « Le pardon n'est pas pour les autres mais pour vous. Aussi longtemps que vous resterez bloquées sur les douleurs du passé, vous ne serrez jamais libre. A cause de ce que mon père m'a fait subir, je me suis prostituée, droguée, j'ai dealé, je me suis fait autant de mal que j'ai pu, puis j'ai terminé en prison. Mais en venant à Christ, j'ai appris à pardonner. Lorsque vous ne pardonnez pas à quelqu'un, vous lui donnez du pouvoir sur votre vie. »

Puis une détenue dit « Je ne peux pas pardonner à mon père car c'est à cause de lui que je me trouve en prison aujourd'hui. »

Une autre détenue lui répond alors « Tu es en prison à cause de tes choix et non des siens. Prend tes responsabilités et fais des choix par toi-même. Nous sommes responsables de notre propre vie. Se situer en victime ne mène à rien. Peu importe que la vie ait été dure ou bonne envers toi, ne rend pas les gens responsables de tes mauvais choix. Cesse d'être la victime. »

Des torts nous ont été faits ou bien nous avons fait des erreurs, mais nous ne devons pas laisser ces choses nous détruire.

Sachez notamment que certains de ceux qui vous ont blessé hier sont très heureux aujourd'hui et se fichent que vous souffriez. Vous n'allez pas provoquer du repentir chez eux en vous apitoyant sur vous-même.

Tourner la page est peut-être le point où le Seigneur vous attend, et lorsque vous aurez franchi ce cap, Il vous bénira et ouvrira de nouvelles portes.

Tyler Perry parle beaucoup du pardon dans ses films car c'est un sujet qu'il connaît bien. Son père l'a battu tout au long de son enfance. Mais il témoigne que lorsqu'il lui a pardonné, sa carrière artistique a décollé. Il est aujourd'hui l'un des artistes les mieux payés et les plus prolifiques d'Hollywood.

N'oubliez pas : le pardon n'est pas pour les autres mais pour vous.

Apprenez à voir le meilleur en chacun

Le Seigneur ne rate jamais ce qu'Il entreprend et Il a planté en chaque individu des dons merveilleux. Cependant, nul n'est parfait et ne sait tout bien faire, mais nous devons apprendre à reconnaître en chacun le meilleur.

Ainsi, ne vous focalisez pas sur les défauts des gens mais sachez reconnaître ce qu'ils font de bien.

Parfois, à cause d'une étroitesse d'esprit nous sommes aveugles au sujet de leurs qualités et portons un regard sentencieux. Nous ne voyons que leurs défauts, ou bien nous considérons certaines de leurs qualités comme des défauts.

Jésus nous a enseigné au sujet d'individus qui, quoiqu'une personne fasse, ne voient que le mal.

> « ...*Jean est venu, il ne mange ni ne boit, et l'on dit « Il est possédé d'un esprit mauvais ! » Le fils de l'homme est venu, il mange et boit, et l'on dit « Voyez cet homme qui ne pense qu'à manger et à boire du vin, qui est ami des collecteurs d'impôts et autres gens de mauvaise réputation ! » Mais la sagesse de Dieu se révèle juste par ses effets.* » Matthieu 11.16-19

Jean le baptiseur suivait des règles alimentaires strictes, ne festoyait pas, ne buvait pas de vin, et les gens disaient « Il est vraiment bizarre. Il doit être démoniaque. » Mais Jésus faisait précisément l'inverse. Il fréquentait les pécheurs, mangeait avec eux et buvait un peu de vin, mais les religieux disaient « Il est vraiment bizarre de s'y prendre ainsi. Cet homme n'a pas été envoyé par Dieu. »

Jésus nous montre ici que certaines personnes ont si peu de sensibilité spirituelle qu'elles sont incapables de reconnaître le royaume de Dieu dans la vie d'une personne, sous quelque forme qu'elle le manifeste. Elles trouvent toujours à critiquer ou à redire car des ténèbres se trouvent en elles.

Ainsi, faites preuve d'ouverture d'esprit et comprenez que, même si les rêves ou les attentes des gens diffèrent des vôtres, ou si leur démarche vous échappe, cela ne signifie pas que Dieu ne soit pas à l'œuvre dans leurs vies et qu'Il ne les utilise pas.

C'est aussi pourquoi Jésus rajoute « La sagesse de Dieu se révèle juste par ses effets », que nous pourrions rendre par « Peu importe la manière dont il s'y prend, car s'il porte du fruit, c'est que Dieu est là. »

Dieu a mis les gens sur votre chemin pour un but : celui de croire en eux et de les encourager à devenir qui ils sont. Personne n'est arrivé là où il se trouve aujourd'hui sans qu'une personne n'ait cru un jour en lui, et vous pouvez devenir ce canal. Dieu nous rend en partie responsable du succès des autres.

C'est ainsi que Jésus s'y est pris avec Ses disciples. Il ne S'est pas focalisé sur leurs faiblesses ou leurs défauts mais sur ce qu'ils pouvaient devenir. Il voyait en eux un potentiel qu'eux-mêmes ne voyaient pas et les mettait au défi d'accomplir de grandes choses.

Pierre était un homme plein de bonne volonté mais il prenait des engagements qu'il était incapable de tenir. Il avait promis un jour à Jésus de ne jamais L'abandonner, quand bien même cela lui coûterait la vie, mais Jésus lui a dit « Avant même que le coq ne chante, tu me renieras trois fois. » Et Pierre L'a effectivement renié.

Jésus savait bien que Pierre était un homme immature mais Il lui a dit un jour « Tu es Pierre, et sur ce rocher, je bâtirai mon église, et les portes du séjour des morts ne prévaudront pas contre elle » (Matthieu 16.18).

Le mot *Pierre* vient du grec *Petros* et pourrait désigner une pierre ordinaire, et le terme *rocher* vient du grec *Petra*.

Jésus a ainsi nommé Pierre deux fois mais en utilisant deux mots légèrement différents. Il disait en un sens « Je ne t'appelle pas Petros mais Petra. Tu es bien plus qu'une simple pierre, mais un véritable rocher. »

Jésus n'a pas rejeté Pierre et Il n'a pas dit « Je vais chercher quelqu'un de parfait, de plus compétant. » Mais Il a vu en lui tellement plus qu'un homme charnel mais un rocher, un roc.

Lorsque Dieu regarde une personne, Il ne l'examine pas à la loupe pour lui trouver des défauts, mais Il regarde à ce qu'elle peut accomplir et conquérir.

Ainsi, examinez attentivement vos proches, vos collègues de travail, vos frères et sœurs dans la foi, et reconnaissez leurs qualités, puis mettez-les au défi d'étendre leurs limites.

Si vous ne voyez que le pire, c'est le pire qui va se développer. Si vous voyez le meilleur, c'est le meilleur qui va se développer. Ils peuvent vous sembler une simple pierre au premier abord, mais il y a un roc en eux, une capacité, un potentiel extraordinaire, car l'Esprit de Dieu vit en eux.

Le Seigneur a placé en chaque individu d'immenses ressources pour accomplir de grands exploits. Toute personne peut vaincre n'importe qu'elle addiction ou mauvaise habitude, car Dieu a planté en elle une semence de vie.

Si des points dans la vie d'un proche vous irritent, vous pouvez vous entretenir avec lui, mais s'il refuse de changer avec le temps, ne cherchez pas à l'amener à changer par la force. Laissez Dieu faire Son œuvre en lui. Nous ne pouvons pas changer des gens que Seul Dieu peut changer.

Je ne parle pas ici de devenir naïf, car Dieu nous donne le discernement de l'aigle pour nous protéger de personnes hypocrites et malintentionnées. Jésus a dit « Soyez prudents comme les serpents, mais doux comme les colombes. » Mais veillons à ne pas devenir des pharisiens sans cœur et suspicieux pour un rien.

Vivre libre du stress

«... déchargez-vous sur lui de tous vos soucis, car lui-même prend soin de vous ». 1 Pierre 5.7

Le stress est un domaine qui nous affecte tous quotidiennement et sur lequel Dieu veut donner la victoire. Lorsque nous cédons au stress, nous perdons notre joie et notre force, notre pensée devient confuse et nous faisons de mauvais choix. Mais lorsque nous restons calmes, nous maintenons une mesure de joie et d'énergie suffisante pour renverser Satan et surmonter victorieusement les batailles de la vie.

Votre avancée dans la vie suivra de près votre capacité à réagir sainement face au stress.

Si vous n'entreprenez rien, votre corps vous forcera à changer. Dieu nous a créés pour vire dans la paix, et si vous vivez sous pression constante, votre corps en subira les conséquences.

Le stress a été reconnu par l'Organisation Mondiale de la Santé comme fléau mondial et serait l'une des premières causes de mortalité dans le monde occidental. La majorité des visites chez le médecin y sont liées.

Le stress libère des substances toxiques dans votre organisme et peut être à l'origine de nombreuses maladies : baisse des défenses immunitaires, réactions allergiques, certains cancers, tumeurs, herpès, hypertension artérielle, lésions vasculaires (infarctus, angine de poitrine, anévrisme, accidents vasculaires cérébraux), troubles musculaires (courbatures du cou, des jambes, des bras) et de votre squelette (arthrose), ulcères gastriques (hyperacidité), diabète, troubles respiratoires.

Au niveau de votre âme, des symptômes peuvent aussi apparaître : repli sur soi, déséquilibre alimentaire entrainant une perte ou prise de poids excessive, déprime, ne voir que le côté négatif des choses, pensées suicidaires, troubles du sommeil, perte de motivation pour travailler, recherche continuelle du repos...

Vous devez être alerte et écouter votre corps. Par ces symptômes, il vous dit « Laisse-moi tranquille, cesse de me malmener ».

Bien sûr, nous avons une certaine capacité à endurer le stress sans que cela nous affecte, mais cela devient dangereux lorsque nous devenons des *stressés chroniques* et que cela est devenu une part importante de notre identité.

La bonne nouvelle est que, si des maladies sont apparues à cause du surmenage, des guérisons physiques et émotionnelles germeront alors que vous cesserez d'y céder, et parfois même sans traitement médical.

Vous devez faire votre auto-examen et identifier ce qui vous stresse le plus.

Cela peut être votre patron, les critiques de vos collègues, la peur de ne pas être à la hauteur de vos responsabilités professionnelles ou familiales, cet enfant un peu revêche, des problèmes financiers, une maladie... Le stress peut également provenir de choses plus spirituelles. Par exemple, vous pouvez être à ce point pressurisé de répondre à de fausses exigences que Dieu mettrait sur vos épaules que cela finit par vous consumer et vous tuer à petit feu. Vous devrez alors apprendre à vous détendre et à compter sur la grâce du Seigneur. Voyez ce que Jésus dit, selon cette traduction :

« Venez à moi vous tous qui êtes fatigués de porter un lourd fardeau et je vous donnerai le repos. Prenez sur vous mon joug et laissez-moi vous instruire, car je suis doux et humble de cœur et vous trouverez du repos pour vos âmes. Le joug que je vous invite à porter et le fardeau que je vous propose est léger. » Matthieu 11.28-30

Dieu est venu à vous afin que vous trouviez en Lui la liberté et la restauration. Seulement, si vous n'y prenez gare, une mauvaise interprétation de la vie chrétienne peut vous conduire à tomber dans l'esclavage des œuvres et des obligations religieuses. Votre vie sera alors devenue une succession de règles légalistes dans l'idée de satisfaire un Dieu toujours en colère et jamais satisfait.

Le Seigneur ne vous imposera jamais quelque chose de trop élevé et que vous ne puissiez faire, mais Il se mettra toujours à votre niveau de maturité et de compréhension.

Enfin, sachez que Dieu utilise parfois les circonstances de la vie pour faire une œuvre en nous, ou pour toucher quelqu'un. Nous voyons cela chez Paul.

Dieu Lui avait dit de se rendre en Italie mais une tempête sévit et le bateau fit naufrage sur une île, l'éloignant de sa destinée initiale. Les autochtones accueillirent Paul et l'équipage et allumèrent un feu pour les réchauffer. En ramassant des broussailles, Paul se fit mordre par un serpent mais le poison n'eut aucun effet. Ce miracle eut un impact sur la population et fut pour Paul une opportunité de prier pour eux, et tous ceux qui étaient malades furent guéris (Actes 28.1-10).

Vous devez donc changer d'approche vis-à-vis des situations et savoir que Dieu a un plan derrière certaines d'entre-elles, comme ce fut le cas pour Paul, dont le naufrage servit à toucher une population. Dès lors, vous comprendrez que vous aviez peu de raisons d'être anxieux, car Dieu utilisait les situations pour vous utiliser.

« Car vos pensées ne sont pas mes pensées, et vos voies ne sont pas mes voies...»
Ésaïe 55.8

Vivre sans stress ne se fait pas du jour au lendemain, c'est une habitude que nous développons par la pratique et avec le temps. Nous devenons ce que nous pratiquons le plus. Par rétrospective, vous vous apercevrez que ce qui vous stressait autrefois ne vous stressera plus.

Le stress est un domaine avec lequel nous traiterons tous les jours de notre vie, dans une certaine mesure, et cela ne va pas vous tuer. Veillez juste à ce que cela ne prenne pas des proportions démesurées.

Reconnaissez les bonnes batailles

Des situations déroutantes viendront nous provoquer et nous défier chaque jour, mais toutes ne méritent pas d'être combattues. Certaines d'entre-elles sont peu importantes et vouloir les renverser ne serait qu'une perte de temps et d'énergie. Nous devons donc reconnaitre avec sagesse quelles batailles valent le coup d'être combattues et celles qui ne le sont pas.

Nous reconnaissons les batailles inutiles à ceci qu'elles ne sont que passagères et dont la confrontation n'apporterait rien.

Par exemple, imaginez qu'un conducteur se fâche parce que vous tardez à passer au vert. Si vous répondez à ses menaces, cette situation débouchera sur une querelle et pourra même avoir de graves conséquences. Mais si vous les ignorez et passez votre chemin, ce conflit aura disparu aussi vite qu'il est venu et vous aurez gardé votre paix. Vous fâcher ne vous aurait rien apporté, si ce n'est de vous être fatigué et énervé inutilement.

Ainsi, ne perdez pas votre temps au sujet de situations que vous aurez oublié dans les trois minutes. Reconnaissez ce qui ne serait qu'une distraction de plus.

Le temps que vous consacrez à de mauvaises batailles est celui que vous n'aurez plus pour celles qui sont vraiment importantes. Ce qui accapare votre attention vous retient de porter du fruit là où vous devriez le plus en porter.

J'ai connu un homme, passionné d'ethnologie, qui pouvait passer cinq heures durant à rédiger d'interminables lettres à des gens pour contester leur connaissance erronée de telle ou telle culture. Tout au long de sa vie, cet homme a défendu des causes sans importance et n'a jamais pris le temps de connaître vraiment son épouse et de répondre à ses besoins. Finalement, les mariages et les divorces se sont succédés dans sa vie et il n'a jamais connu de relation amoureuse stable.

Pour courir avec succès la course que Dieu vous donne, vous devrez – à l'inverse de cet homme - poursuivre de bons buts et ne pas vous laisser distraire. Devant chaque situation, posez-vous ainsi la question : « Est-il nécessaire que je réagisse à ces critiques ? », « que je cherche à défendre mon point de vue si l'on n'est pas d'accord avec moi ? », « à prouver ma valeur si les gens ne croient pas en mon potentiel ? », « à politiker sur ces forums de discutions ? »

L'accomplissement des plans divins dans votre vie suivra votre volonté à poursuivre des buts profitables. David, dont la royauté en Israël fut couronnée de succès, acceptait de combattre une bataille à la condition qu'elle soit gratifiée d'un prix, d'une récompense.

Un jour, l'armée philistine lança le défi à Israël d'envoyer un homme vaincre l'un des leurs, Goliath, un géant d'environ trois mètres. Le jeune David, qui trainait dans les parages, ne craignait pas d'affronter Goliath et était prêt à le combattre. Mais il demanda au préalable :

« *Que fera-t-on pour celui qui tuera ce philistin et qui écartera la honte d'Israël ?* » 1 Samuel 17.26

Les soldats lui répondirent :

« *Si quelqu'un le tue, le roi le comblera de richesses, il lui donnera sa fille et libèrera sa famille de tout impôt en Israël* » 1 Samuel 17.25

David était un homme courageux et visionnaire, mais avant de s'engager dans un combat quelconque, il voulait s'assurer que ce combat lui soit d'un réel bénéfice. Il n'était pas égocentrique ou matérialiste mais il était juste rempli de bon sens.

Ensuite, une autre caractéristique de l'homme qui ne se laisse pas dévier de sa route, est de rester sourd aux propos négatifs et incrédules. Si David a pu combattre Goliath, c'est parce qu'il n'a pas tenu compte de l'incrédulité environnante.

Personne ne croyait en son potentiel et son frère Eliab fut même méprisant à son sujet. Le peuple fit en sorte que, par des propos arrogants ou défaitistes, David soit vidé de son zèle et qu'il ait une piètre opinion de lui-même. Mais David a suivi ses convictions profondes et fait ce qui lui semblait juste. Après que son frère l'ait traité d'orgueilleux, un verset dit que David *s'est détourné de lui.*

Bien des gens ne croiront pas en vous et chercheront à vous décourager mais vous devrez ignorer leurs paroles et vous détourner d'eux, comme David le fit avec son frère Eliab. Si vous ne le faites pas, vous risquez de mettre foi en leurs mensonges et ne pas renverser les *Goliath* que Dieu vous donne.

Lorsque j'ai réintégré l'église dans laquelle j'allais autrefois, après avoir fait une école biblique, peu de gens croyaient en mon potentiel et je passais mon temps à prouver ma valeur. J'étais bouillant pour Dieu et je cherchais à Le servir par tous les moyens mais, de façon très subtile, toute fonction m'était systématiquement ôtée. Le Seigneur m'a dit au bout d'un certain temps « Olivier, tu te fatigues pour rien. Ils ne veulent tout simplement pas de toi, et quoi que tu fasses, on ne te laissera jamais ta chance dans cette église.» Je suis donc parti et, quelques semaines plus tard, j'ai été invité dans une église dans laquelle j'ai prêché pendant trois ans.

Se battre pour prouver sa valeur, convaincre des gens qui ne veulent pas être convaincus ou vouloir changer ceux qui ne le veulent pas est une perte de temps. Vous devez comprendre que tout le monde ne vous aimera pas et ne vous écoutera pas. La seule chose à faire sera parfois de laisser les gens dans leur erreur.

Dieu vous a donné une mesure d'énergie quotidienne pour affronter les défis de la vie et si vous la dépensez inutilement, vous n'en aurez plus pour les batailles importantes. Et les batailles de la vie viendront. Veillez donc avec sagesse à ne pas gaspiller cette mesure et utilisez-là pour de vraies causes.

Ne perdez pas non plus votre temps à améliorer vos points faibles, consacrez-le à développer vos points forts.

Reprogrammez votre ordinateur mental

« Ne vous conformez pas au siècle présent, mais soyez transformés par le renouvellement de l'intelligence, afin que vous discerniez quelle est la volonté de Dieu, ce qui est bon, agréable et parfait » Romains 12.2

Notre tête est comparable à un ordinateur dans lequel nous rentrons des milliers d'informations. Si ces informations sont bonnes, alors nous orienterons notre vie vers une vie de qualité divine. Mais si ces informations sont mauvaises, alors nous vivrons toute notre vie au niveau d'une petite fourmi.

Nous devons ainsi être vigilants vis-à-vis de nos pensées car elles font ce que nous sommes.

Aujourd'hui, de braves personnes ne règnent pas comme ces rois et reines qu'elles sont pourtant en Jésus car elles n'ont pas appris à remplacer leurs mauvaises pensées par de bonnes.

« Je suis si méchant », « Je n'arrive à rien », « Personne ne m'accepte » pensent-elles, mais elles ne voient pas leurs ressources en Jésus Christ.

Elles se voient comme de misérables vermisseaux, et non comme les membres d'une nation sainte, d'un sacerdoce royal, d'un peuple élu (1 Pierre 2.9).

Cela les rend très vulnérables à Satan.

Paul, écrivant sous l'inspiration de l'Esprit, nous dit de renouveler notre intelligence et de changer notre manière de penser, de sorte que notre vie en soit transformée.

Il disait en quelque sorte « Vous devenez ce que vous pensez », ou, inversement, « Vous ne devenez pas les bonnes choses que vous ne pensez pas. »

Ma Bible Chouraqui m'apprend que le mot traduit par *transformation* est *métanoïa*, qui a donné *métamorphose*. C'est le mot que l'on utilise pour désigner le changement d'un corps en un autre corps. Comme la métamorphose du ver en papillon, par exemple, ou de certains amphibiens.

Dieu ne veut pas seulement vous améliorer mais vous transformer littéralement à Son image. Un papillon n'est pas un ver *en mieux*, mais il s'agit d'un animal totalement différent.

Dieu ne veut pas faire du tuning ou vous customiser, comme une vieille 2CV à laquelle on aurait adjoint des chromes et que l'on aurait entièrement repeint, mais Il veut vous changer en Ferrari.

En changeant de mentalité, vous n'êtes plus un chrétien *yoyo* ou *montagnes russes*, craintif, insécurisé ou complexé, mais une personne tout à fait nouvelle, forte, remplie de foi, et pleinement consciente de son autorité spirituelle.

Vous passez d'une mentalité de *Caliméro* à une mentalité de fils de Dieu.

Ainsi, tel un informaticien, reprogrammez votre ordinateur mental et plantez-y de nouvelles informations. Otez les pensées de petitesse et plantez-y des pensées de croissance, de prospérité, de foi, de possibilité, de domination, de sainteté.

Ne considérez plus votre vie sous un angle minimaliste mais sous un angle biblique. Lisez abondamment la Parole de Dieu et étudiez la vie des hommes et des femmes qui ont fait de grands exploits. S'ils ont pu accomplir de telles choses, alors vous pouvez aussi les accomplir.

Vous pouvez faire ce que la Bible dit que vous pouvez faire, et vous êtes ce que la Bible dit que vous êtes. Refusez toute évidence contraire.

Changer sa pensée est notre responsabilité, et non celle de Dieu.

Les gens s'imaginent parfois qu'en jeûnant ou en priant suffisamment fort, ils vont être l'objet d'une manifestation surnaturelle étrange qui va les rendre fort ou les conduire à avoir une bonne image de soi, mais la prière ou l'imposition des mains ne suffisent pas. C'est aussi un acte de volonté personnelle et quotidienne.

Si vous n'entreprenez pas avec violence et détermination de penser différemment vis-à-vis de vous-même, des autres ou de Dieu, vous traînerez toute votre vie une mentalité d'esclave et Satan aura toujours l'avantage sur vous.

> « *...que tout ce qui est vrai, ...honorable, ...juste, ...pur, ...aimable, ...qui mérite l'approbation, ce qui est vertueux et digne de louange soit l'objet de vos pensées.* » Philippiens 4.8

Aujourd'hui, un virus a-t-il endommagé vos fichiers, avez-vous rentré de mauvaises informations dans votre disque dur ?

Si c'est le cas, alors vous allez devoir mettre à la corbeille tous les vieux fichiers de condamnation, de complexe d'infériorité ou de remord (et vider la corbeille !).

Puis rentrer de nouvelles informations comme « Je suis fort, capable, conquérant, intelligent, les échecs du passé sont derrière moi, je suis vainqueur de ce péché. »

Reconnaissez, comme le dit Paul, ce qui est *« **bon, agréable et parfait.** »*

Sortez, bougez et changez-vous les idées !

Certaines personnes dépriment parce qu'elles sont continuellement enfermées chez elles et ne sortent plus. C'est un mal que j'ai vu dans toutes les cultures, toutes les dénominations religieuses, et à tous les âges.

J'ai remarqué trois groupes principaux parmi ces gens : Le 1er concerne des mères de famille qui restent chez elles pour élever leurs enfants. Le 2ème concerne de jeunes convertis sincères qui ne sortent plus par peur de faire du compromis. Le 3ème est celui de gens qui se sentent très concernés par l'avancée du royaume de Dieu et qui se sentiraient mal à l'aise de faire autre chose que des choses spirituelles.

Je n'encourage personne à devenir mondain, bien entendu, mais il n'est pas sain pour le corps et l'âme de vivre continuellement entre quatre murs, même pour prier ou lire la Bible. Cela est contre-nature.

Lorsque vous sentez la déprime vous gagner à cause de la solitude ou parce que vous êtes resté trop longtemps enfermé, ne vous sentez pas obligé de subir mais réagissez. Sortez, bougez et changez-vous les idées.

Après avoir surmonté un cancer du colon, Beka Ntasanwisi, une animatrice radio sud-africaine, a décidé de consacrer sa vie aux grand-mères qu'elle côtoyait chaque jours dans la ville de Nkowankowa, en Afrique du Sud

Elle a mis sur pied la plus invraisemblable activité pour ces femmes dont l'âge allait de 60 à plus de 80 ans, et organisa deux fois par semaine des matchs de foot.

Mes amis, c'est une chose de voir ces mamans délaisser leur boubou pour une tenue de foot et des chaussures à crampons, puis s'affronter par équipe autour du ballon ! Mais les effets sont là : le lendemain même de leur première rencontre, toutes ont affirmé qu'elles n'avaient pas dormi aussi bien depuis longtemps, et qu'elles se sentaient beaucoup mieux.

L'une d'elles témoigne « Autrefois, j'étais obèse et je souffrais d'hypertension, mais depuis que je joue au foot, je me sens comme à vingt ans. » Une autre dit « J'ai perdu huit de mes douze enfants à cause du sida, s'il n'y avait pas eu le foot, je serais devenue folle et morte de chagrin. » Ces grands-mères ont repris goût à la vie.

Devant le succès de ces rencontres, Beka a fondé sept autres clubs de foot de grands-mères dans la région du Limpopo et elles sont même parties aux USA pour affronter d'autres équipes. Sur le chemin du retour, dans l'avion, elles louaient Dieu de tout leur cœur pour avoir vécu une telle expérience.

Il semblerait que les sorties et l'amitié soient un bon remède pour vivre heureux et se maintenir en forme.

> *« La bonne humeur favorise la guérison, mais la tristesse fait perdre toute vitalité. »* Proverbes 17.22 (FC)

Dieu a fait de nous des gérants et des administrateurs de notre vie. Nous avons cette responsabilité de mettre notre vie dans une position confortable et de faire des choix qui tendent vers la vie et non vers la mort.

Ne péchez pas, mais vivez cette vie que Dieu vous a donnée et aimez-là. Dieu a créé toutes sortes de bonnes choses pour que nous en jouissions.

Vous pouvez aussi rendre visite à quelqu'un ou lui téléphoner et être bon pour lui. Sortez et faites briller votre lumière quelque part.

Traiter l'esprit de rejet

Nous avons tous eu un jour l'impression que les gens nous jugeaient et nous rejetaient, mais chez certains, cet esprit est chronique. Ils vivent en permanence avec l'idée que les gens les rejètent et les suspectent des plus épouvantables choses.

A peine ont-ils franchi le pas de l'église, de leur lieu de travail ou de leur salle de classe qu'ils s'imaginent que tous les regards se posent sur eux.

Des milliers de voix tonnent alors dans leur tête et disent « Vois comment les gens te regardent », « ils te trouvent bizarre », « ils vont colporter des ragots et tu vas avoir des problèmes. »

Cet esprit de rejet les consume et les tue à petit feu. Torturés, ils s'isolent alors et vivent perclus dans leur tour.

« Un frère offensé est pire qu'une forteresse et les conflits sont pareils aux verrous d'un château » Proverbes 18.19

Si c'est votre cas, le Seigneur veut vous libérer et vous dire de cesser d'écouter ces voix. Elles parleront aussi longtemps que vous le leur permettrez. Vous n'aurez alors plus de vie sociale et vous ne parviendrez à rien entreprendre dans la vie.

Il y a quelques années, j'ai rencontré un jeune homme qui voulait se marier mais il se plaignait que les filles ne s'intéressaient pas à lui. En passant l'après-midi avec lui, j'ai compris quel était son problème : il souffrait d'un profond esprit de rejet.

Il n'arrêtait pas de se plaindre que les gens de l'église le rejetaient parce qu'il était roumain, que les agences d'intérims refusaient de lui donner du travail parce qu'il était étranger, ou que les gens ne reconnaissaient pas ses dons musicaux parce que sa musique leur semblait inhabituelle. Bref, il ne cessait de penser que les autres le rejetait pour sa différence.

Je me suis dis alors « Comment une femme voudrait-elle épouser un tel homme, un pleurnichard, un défaitiste pareil ? »

Messieurs, mesdames, ne soyez pas blessés par cette parole, mais comprenez que l'on ne va pas vous épouser par pitié, ou vous donner du travail par pitié. Une femme spirituellement mature sait qui elle est en Jésus Christ et s'attend à recevoir de Dieu un homme fort et stable. Elle veut un héro conquérant, un lion, pas un bébé pleurnicheur. Un employeur veut un employé enthousiaste et positif.

Un homme s'attend aussi à recevoir une femme stable et visionnaire. Dieu ne va pas vous donner un mari si vous ne laissez pas l'Esprit renouveler votre intelligence. Si vous deviez vous marier sans être restaurée, vous entraîneriez votre conjoint dans votre confusion.

Si vous souffrez d'un esprit de rejet, comprenez que personne ne pense du mal de vous. Et si c'est le cas, vous pouvez alors décider de les aimer, car en aimant les gens, ils changeront de regard à votre sujet.

N'attendez donc pas que les gens vous acceptent, mais faites le premier pas.

Si vous pensez qu'une différence quelconque vous empêche de prospérer, amenez les gens à changer leur regard sur vous en adoptant une bonne attitude. Dans votre travail, restez jovial et positif, faites plus et mieux que ce que votre patron vous demande. Faites la différence !

Un patron, même un peu raciste, aura toujours suffisamment de bon sens pour repérer celui qui sait faire prospérer ses affaires.

L'esprit de rejet gagne souvent les hommes et les femmes qui veulent entreprendre quelque chose d'inhabituel pour le Seigneur, ou tout simplement Le servir. Ils souffrent d'incompréhension de la part des chrétiens conservateurs ou de ceux qui sont jaloux et trop paresseux pour entreprendre quelque chose.

Des l'instant où quelqu'un se lèvera, il y aura toujours des gens pour critiquer. Mais nous ne devons pas leur prêter attention mais continuer à faire ce que nous sommes supposés faire. Nous sommes responsable de notre vie et non de la leur.

Lorsque j'irai au Ciel, le Seigneur ne me dira pas « Olivier, as-tu bien fait ce que les autres t'ont dit de faire ? », mais « As-tu couru **ta** course ? »

Dans les années soixante-dix, le groupe suédois Jerusalem fut l'un des premiers groupes chrétiens à jouer du Heavy Metal, un genre musical très violent et destiné à un public averti. Leur désir était d'annoncer l'Evangile à un public jusque-là inaccessible. Seulement, cela était inédit à l'époque et bien des chrétiens les attaquèrent et les accusèrent d'être des satanistes.

Un jour, une vieille dame est venue assister à l'un de leurs concerts dans l'idée de les juger. Elle vit alors un homme se tenir près du chanteur Ulf Christiansson, puis venir à elle. Il s'agissait de Jésus. Le Seigneur S'est assis à côté d'elle et lui a dit « Ces types sont à moi. »

De nombreux jeunes se sont convertis grâce à leur musique et leur style vestimentaire profane. Mais que ce serait-il passé s'ils s'étaient alignés au niveau des critiques ? Bien de ces jeunes iraient droit en enfer aujourd'hui.

L'histoire biblique est jalonnée d'hommes et de femmes de foi qui ont été incompris et rejetés, non seulement de la part des païens, mais de la part des leurs. Jésus a été abandonné par Son propre peuple et Ses propres disciples lors de la crucifixion, Paul a été critiqué par les membres de l'église de Corinthe, des gens ont reproché à Timothée d'être trop jeune pour être le pasteur d'une église.

Traiter la susceptibilité

Nous souhaitons tous être heureux en mariage, fécond en amitié et monter toutes sortes de projets fructueux, mais parfois, notre caractère susceptible et prompt à l'offense nous empêche de mener cette vie saine et féconde.

Une sensibilité à fleur de peau peut avoir des répercutions destructrices sur nos relations sociales.

Il est très difficile de vivre auprès d'une personne susceptible car quoique l'on dise, ou que l'on fasse, elle le prend mal. Ce sont de véritables hérissons et de quelque côté qu'on les prenne, on se pique.

Le problème ne vient donc pas des situations mais de la personne elle-même qui est émotive. Dès que surgit une parole ou une attitude blessante – ou qu'elle considère comme telle – elle se fâche. Et puisqu'elle se sent rejetée, elle rejette à son tour en prenant la fuite.

Certains vont de travail en travail, d'amis en amis, de projet en projet, de mariages en divorces… tout ce qu'ils entreprennent ne tient pas car, à la moindre offense, ils prennent la fuite et recommencent ailleurs, pensant que les choses iront mieux la fois suivante. Mais la fuite n'est pas une solution car c'est notre tempérament susceptible et fragile qui a besoin d'être traité.

Bien sûr, nous sommes tous un peu susceptibles, et il est normal de l'être dans une certaine mesure, mais certains ont un problème majeur dans ce domaine.

Le Seigneur m'a personnellement enseigné cela : Lorsque je suis parti faire une école biblique, j'étais seul et loin de ma famille. J'aurais tellement aimé que des gens m'invitent le week-end, mais personne ne le faisait. L'un de mes meilleurs amis était dans la même situation que moi mais tout le monde l'invitait continuellement. Un jour de blues, j'ai commencé à m'apitoyer sur moi-même, mais le Seigneur m'a invité à rester confiant et positif.

J'ai su à l'instant même que la poursuite de Son œuvre en moi était étroitement liée à cette étape de ma vie. Je devais surmonter cette blessure pour qu'Il me conduise à l'étape suivante. Puis j'ai dit « OK, Seigneur, tout va bien, Tu es au contrôle de toutes choses. La vie est belle avec Toi. »

Ne pas être susceptible est une réelle preuve de maturité. Joseph s'est particulièrement illustré sur ce point : Alors qu'il était esclave, la femme de son maître l'invita à plusieurs reprises à coucher avec elle, mais Joseph était intègre et refusa ses avances. Vexée, et pour se venger de lui, elle fit croire à son mari que Joseph avait tenté d'abuser d'elle, puis il fut emprisonné.

Nous voyons que Joseph était mature au fait que, face à ce mensonge, il n'a rien dit et n'a pas cherché à se justifier. Sa conduite disait « Tu peux bien dire ou faire ce que tu veux, les plans de Dieu pour ma vie s'accompliront de toute manière. »

Jésus était également libre au sujet des offenses : Lorsqu'Il a annoncé à Ses disciples qu'Il serait livré et crucifié, ceux-ci, plutôt que de se préoccuper de Son sort, Lui ont demandé lequel d'entre eux était le plus grand. Mais Jésus n'a pas *pris la mouche* et n'a pas cessé de les aimer

L'offense est l'une des armes favorites du diable : Lorsqu'une terre est fertile, il sait qu'il pourra semer des graines d'offenses et jouer avec leur imagination. « Regarde, soufflera t-il, cette personne a donné son numéro de téléphone à tout le monde, sauf à toi. Elle ne t'aime pas », « On a confié des responsabilité à Untel mais pas à toi. Ils pensent que tu n'es pas à la hauteur ».

Les personnes susceptibles sont souvent des gens qui ont été rejetés par le passé, et par peur d'être à nouveau blessées, elles se confinent dans leur isolement. Mais en agissant ainsi, elles permettent au passé de continuer à exercer son influence destructrice sur leur vie, ou encore, cela les retient de s'exposer aux opportunités et aux belles rencontres de la vie. Le film « Shrek » traite de ce sujet avec beaucoup d'acuité et d'humour :

Shrek est un personnage un peu repoussant et effrayant qui a probablement été rejeté dans le passé pour son aspect, et par peur d'être à nouveau blessé, il s'isole et vie perclus dans les marais, agris et amer. Mais l'âne le pousse et parvient à le sortir de sa solitude. Finalement, au gré des aventures, il finit par rencontrer l'amour et devient même roi.

Bien des gens comme ce personnage de fiction n'osent plus sortir de chez eux par peur d'être à nouveau blessés. Mais non seulement ils entretiennent le feu de l'offense - et cela ne fait qu'alimenter leurs souffrances - mais ils se retiennent de vivre des expériences merveilleuses.

Un journaliste demanda un jour à Condoleezza Rice comment une femme Noire, subissant la ségrégation raciale, et ayant grandit dans un milieu modeste, avait pu s'élever à de si hautes fonctions dans le gouvernement américain. Elle a répondu « Il ne pas faut jouer les victimes. Aussi longtemps que vous vous cultivez, que vous étudiez, que vous travaillez, vous ne pourrez peut-être pas contrôler les circonstances, mais la manière dont vous réagirez face à celles-ci, et rien ne pourra vous empêcher de vivre une vie productive. »

Puis il lui a demandé qui était Jésus Christ pour elle, et elle a répondu « Il est Sauveur et Seigneur, fils de Dieu, Le ressuscité qui a pourvu au salut de mon âme. »

Ce qui nous blesse ne provient pas des circonstances, mais de notre sensibilité, et si nous réagissons bien, cela ne nous affectera pas.

Ne vous comparez plus aux autres

Le Seigneur vous a créé unique et va utiliser toutes ces petites choses qui vous caractérisent pour faire de vous un canal de Son expression, mais si vous vous comparez aux autres, vous chercherez à devenir quelqu'un que vous n'êtes pas et passerez ainsi devant Son plan pour votre vie.

Le Seigneur vous utilisera dans la mesure où vous êtes vous-même et que vous ne cherchez pas à devenir quelqu'un d'autre. Dieu ne bénit pas les photocopies mais les originales.

Beaucoup de gens n'embrassent pas leur destinée car ils se comparent aux autres. Ils envient la beauté de telle personne, son humour, sa voiture, ses enfants ou sa manière de prêcher. Ils copient la démarche de telle autre, sa coupe de cheveux ou son style. Bref, ils passent leur temps à essayer d'être ce qu'ils ne sont pas plutôt que ce qu'ils sont. Leur vie n'est alors que déceptions et frustrations et ils ne jouissent d'aucune paix. Mais si Dieu avait voulu nous donner ce que les autres ont, Il nous l'aurait donné.

La Bible dit ceci :

« Ne cherchons pas une vaine gloire, en nous provoquant les uns les autres, en nous portant envie les uns aux autres » Galates.5.26 (Louis Segond)

Et une version contemporaine paraphrase le verset ainsi :

« ... nous ne nous comparerons pas les uns aux autres, comme si l'un de nous était meilleur ou pire qu'un autre. Nous avons des choses tellement plus intéressantes à faire de nos vies. Chacun de nous est original et unique. » Galates 5.26 (The Message)

La comparaison nous rend jaloux et nous pousse parfois à la compétition. Certains, par exemple, usent de manipulation pour obtenir une position que Dieu ne leur a pas confiée.

J'ai connu l'épouse d'un pasteur, tellement insécurisée, qui usa de sa proximité avec son époux pour ôter les brebis de leur fonction et en assumer ainsi le leadership. Par un habile jeu de manipulation, elle en vint à devenir responsable du groupe de louange, de la cafétéria, du comptoir de librairie, de l'équipe de ménage, du groupe d'enfants, et enfin du secrétariat. De nombreuses brebis ont alors quitté peu à peu cette église, blessées.

D'autres enfin mesurent leur propre valeur en fonction des échecs et des défauts des autres. Ils ont besoin de dévaloriser les gens afin de se sentir supérieur et reconquérir leur estime propre.

Mes amis, vous ne devez pas être encombré au sujet de qui vous êtes, mais embrasser pleinement celui que vous êtes. Vous ne devez pas chercher à devenir un « meilleur quelqu'un d'autre », mais un « meilleur vous ». C'est alors que Dieu vous bénira et que vous porterez beaucoup de fruits.

Alors que David s'apprêtait à combattre Goliath, Saül dit à David de revêtir l'armure officielle des soldats. David l'essaya, mais il l'a refusa finalement :

« …mais il dit à Saül : Je ne puis pas marcher avec cette armure… » 1 S 17.39

David dit en quelque sorte « La manière avec laquelle vous voulez que je m'y prenne ne me correspond pas. Je ne serais pas à l'aise selon cette méthode. Je sais qui je suis, je me connais, et je sais ce qui marche pour moi. Je ne vais pas revêtir cette armure, même si cela marche avec vous, mais je vais utiliser ma fronde, car c'est ainsi que je suis le plus efficace».

La comparaison et les complexes viennent souvent chez les prétendants au ministère. Mais vous n'avez aucune raison d'être complexé. Soyez juste vous-mêmes.

Certains prédicateurs peuvent prêcher sans notes, tandis certains ont tout le temps le nez dans leur papier. Certains prêchent avec ferveur, tandis que certains sont plus réservés. Certains savent chanter et parviennent à conduire leur auditoire dans l'adoration, d'autre non. Mais ce n'est pas grave, car Dieu va puissamment vous utiliser si vous êtes vous-mêmes, et les vies seront changées. Faites juste de votre mieux et cherchez à être très bon dans votre domaine.

« Faites une attentive et honnête exploration de vous-même et du travail qu'il a vous été donné de faire, puis consacrez-vous y. Ne soyez pas impressionné ou encombré au sujet de qui vous êtes. Ne vous comparez pas aux autres. Chacun de vous doit prendre la responsabilité de faire de son mieux et de se montrer créatif avec ce qui lui a été donné. » Galates 6.4-5 (The Message)

Vous ne serez jamais bon dans un domaine pour lequel Dieu ne vous a pas appelé mais vous excellerez dans ce qui va dans le sens de votre nature profonde. Et cette nature profonde ne concerne pas seulement le « professionnalisme » que vous avez développé par la pratique, mais ce qui jaillit naturellement de vous et qui échappe au contrôle même de votre volonté.

Quelqu'un a besoin de ce que vous êtes et cette journée ne brillera pas aussi bien tant que vous n'aurez pas épousé *le vrai vous*.

Quelqu'un peut être touché par votre manière simple de prier, le ton de votre voix, votre douceur ou, au contraire, votre dynamisme. Un autre peut même être fortifié par vos échecs passés, vos gros nez ou votre embonpoint !

De toute manière, que vous le vouliez ou non, vous êtes qui vous êtes. Vous n'avez donc pas d'autre choix que de l'accepter et d'en faire quelque chose. Si certaines choses vous déplaisent, Dieu les changera en Son temps.

Dieu a mis en vous tout ce dont vous avez besoin pour réussir. Cela ne fait pas de vous la personne parfaite, mais celle qui convient pour une situation.

Lorsque vous êtes qui vous êtes, vous ne connaissez plus de luttes et tout devient beaucoup plus facile.

Donnez un bon départ à vos journées

« Voici la journée que l'Eternel a faite, quelle soit pour nous un sujet de joie et d'allégresse. » Psaumes 118.4

La manière dont vous commencez votre journée peut déterminer quelle journée vous allez vivre. Elle donnera le ton et vous mettra soit dans une position d'échec, soit dans une position de victoire. Ainsi, dès le pied du lit, abordez chacune de vos journées positivement et donnez-leur un bon départ.

Parfois, à peine sommes-nous réveillé que descend sur nous un fardeau de culpabilité. Nous nous sentons condamné de ne pas avoir suffisamment lu la Bible, prié, d'avoir jugé ou critiqué. Nous culpabilisons pour nos péchés, pour ceux que nous n'avons pas encore commis et même pour ceux des autres. Nous dressons une liste des choses saintes à accomplir pour apaiser le courroux d'un Dieu exigent et sans cesse insatisfait afin de connaître, peut-être un jour, la paix intérieure. Mais mes amis, Dieu n'est pas comme cela

Dieu ne S'est pas levé de mauvais poil ce matin et Il n'est pas en colère contre vous. Bien au contraire, Il est votre coach, votre booster et votre mentor. Parce qu'Il est glorieux et qu'Il vous aime, Il va tout faire pour vous amener là où Il Se trouve de sorte que vous régniez dans cette vie comme un roi en Jésus Christ. Chaque matin, rejetez ces voix accusatrices et rendez grâce à Dieu pour Son amour et Son soutien. Donnez un bon départ à votre journée.

Votre force et votre foi sont directement connectées à votre joie. Si vous perdez votre joie, vous n'aurez pas la foi et la force nécessaires pour affronter et surmonter les grands défis de la vie, de gagner des batailles et dominer sur le péché.

« …la joie du Seigneur sera votre force. » Néhémie 8.10

Le diable n'a que faire de votre santé, de vos finances ou de vos accomplissements personnels. Il veut juste saper votre joie et votre moral car il sait que c'est en elle que se trouve votre force. Vivez en haut et non en bas. Vos ennemis vous sembleront bien plus faciles à vaincre du haut de la montagne que dans le creux de la vallée.

Dès le pied du lit, donnez le ton à votre journée et dites « Voici la journée que l'Eternel a faite. Qu'elle soit pour moi un sujet de joie », « Merci pour ce soleil », « Merci pour cette pluie », « Merci pour mes profs, même s'ils me cassent les pieds ».

Faites de chaque jour un nouveau départ. Hier est passé et aujourd'hui est un nouveau jour. Ne laissez pas votre journée d'hier empoisonner celle d'aujourd'hui car il n'y a plus rien que vous puissiez faire à son sujet. Pardonnez les torts qui vous ont été faits, oubliez vos échecs ou même vos erreurs passées.

Bien entendu, il y des domaines dans lesquels nous devons évoluer. Nous pouvons en l'occurrence prier avec confiance pour que le Seigneur nous aide à grandir, et chercher à nous améliorer. Mais il n'est pas bon de rester bloqué sur les erreurs ou les manquements d'hier. Aujourd'hui est un nouveau jour et nous devons prendre chaque jour un départ entièrement nouveau, rempli de force et de joie.

« Les bontés de l'Eternel ne sont pas épuisées, ses compassions ne sont pas à leur terme, elles se renouvellent chaque matin. » Lamentation 3.23

Trop de gens sont captifs du passé et boivent sans cesse la tasse. Ils ne parviennent pas à reprendre leur souffle car les souvenirs du passé ou la conscience de leur propre imperfection les découragent. Vous devez détourner votre attention de vous-même et la porter sur Christ, l'auteur de votre foi et qui l'amène à la perfection. Ne soyez pas conscient de la grâce de Dieu pour la vie éternelle, mais marchez aussi par la grâce au quotidien. Le moyen par lequel vous êtes sauvé vous indique le moyen par lequel vous devez marcher chaque jour.

« C'est par sa grâce que vous êtes sauvé, par le moyen de la foi. Cela ne vient pas de nous, c'est le don de Dieu… » Ephésiens 2.8

Dieu ne recherche pas des gens parfaits sans quoi nous serions tous disqualifiés. Il recherche juste des gens qui ont un cœur car Lui-même est un Dieu de cœur. Il voit votre bon cœur qui veut bien faire et cela Lui suffit. Vous n'êtes pas parfait, certes, mais vous êtes en chemin pour le devenir.

Vous avez été sauvé par la grâce, vivez par la grâce. Ne vous sentez pas obligé de devoir crouler sous une tonne d'activités. Dieu n'est pas d'accord avec tous les choix que vous avez pris mais Il prend toujours plaisir en vous.

Vivez relax et profitez pleinement de ce jour qui vient. Souriez et sachez apprécier ces petites choses du quotidien, comme le levé de soleil, le chant des oiseaux, les bruits de pas de vos enfants dans l'escalier. Ne commencez pas dès le matin à vous plaindre de ce patron qui vous harcèle, de ces enfants qui sont durs ou de ce travail pénible. Certains donneraient n'importe quoi pour avoir ce que vous avez. Si vous savez vous réjouir de ce qui est à vous aujourd'hui, Dieu vous en donnera de biens meilleures plus tard.

Honorer Dieu avec son corps

Il existe bien des moyens d'honorer Dieu, et l'un d'entre eux concerne l'usage que nous faisons de notre corps, et notamment dans le domaine sexuel. L'apôtre Paul nous dit :

« Vous ne vous appartenez pas : Dieu vous a acquis, il a payé le prix pour cela. Mettez donc votre corps au service de la gloire de Dieu » 1 Corinthiens 6.19b-20 (FC)

En examinant ce verset dans son contexte, vous verrez qu'il parle de l'immoralité sexuelle. Puis il conclue en disant que, par un bon usage de notre corps, nous glorifions Dieu.

D'autres versions donnent : « Rendez gloire à Dieu par votre corps » (Parole de vie), « Honorez donc Dieu et rendez-lui gloire par votre corps même » (Parole vivante), « Glorifiez Dieu dans votre corps » (Segond)

En somme, la pureté dans le domaine sexuel est un acte de louange et d'honneur. Puis Paul nous dit comment nous y prendre.

« Fuyez l'immoralité… » 1 Corinthiens 6.18a

La sexualité est un bienfait, car elle nous vient de Dieu. Le fait que nous ayons des désirs prouve que nous sommes en bonne santé et dans Sa volonté. En l'occurrence, vous ne devez pas vous sentir condamné à ce sujet.

Après tout, le premier commandement que Dieu a donné à l'homme est celui de se reproduire, donc d'avoir des rapports sexuels.

« …Ayez des enfants, devenez nombreux, peuplez la terre, et dominez-là… »
Genèse 1.28 (FC)

Seulement, nous devons veiller à canaliser cette sexualité dans la bonne direction. Aujourd'hui, il est très facile de pécher, grâce à Internet et les chaînes satellites. La pornographie est devenue très facile d'accès.

Autrefois, une personne qui souhaitait utiliser du matériel pornographique devait se rendre chez un commerçant et surmonter sa gêne, mais aujourd'hui, un simple clic, de votre domicile, vous permet d'y accéder dans la plus grande discrétion.

Il ne s'agit pas de blâmer Internet ou les chaînes satellites, qui sont des outils absolument extraordinaires. Mais il est vrai aussi que, d'un autre point de vue, ils peuvent devenir une source de problèmes.

Bref, soyons pragmatique et voyons maintenant comment en sortir. Tout d'abord, ne prenez pas de résolutions du genre « A partir de maintenant, je le jure, plus jamais je n'ouvrirais un ordinateur. »

Tout d'abord, cela est excessif et vous n'y parviendrez pas, mais surtout, vous risquez de placer votre confiance dans la chair, et cela vous conduira inévitablement à l'échec.

Ensuite, ne vous focalisez pas sur la *repentance*. Bien des gens, pleins de bonne foi, se repentent continuellement, mais cela ne les empêchent pas de retomber, encore et encore.

Ce dont nous avons besoin est de prier régulièrement et avec confiance pour une vraie guérison. La volonté est nécessaire mais ne suffit pas, et il nous faut l'aide de Dieu. La veille de sa crucifixion, Jésus dit à Ses disciples :

« *Restez éveillés et priez pour ne pas tomber dans la tentation. L'être humain est plein de bonne volonté mais il est faible.* » Matthieu 26.41

Plaçant une trop grande confiance en eux, les disciples n'ont pas suivi Ses conseils et L'ont renié le jour de Sa crucifixion.

Notre esprit est bien disposé mais notre chair est faible. Nous nous *repentons* et nous promettons que, plus jamais, nous ne pécherons, mais nous avons finalement, une fois de plus, basculé du *côté obscure de la force*.

Vous pouvez aussi prendre position et dire « Je suis libre au nom de Jésus. Je brise la pornographie de mon cœur». Dès lors, vous allez commencer à arracher cette semence de votre cœur.

Ensuite, ne vous éloignez pas de Dieu si vous avez péché, mais plus que jamais, approchez-vous de Lui. Satan va vous amener à vous culpabiliser afin de vous éloigner de Dieu. Il sait que c'est dans une relation intime et quotidienne avec Lui que votre chair perdra de son ascendant et que votre nature spirituelle se développera et prendra le dessus.

Ne prenez pas non plus de résolutions du genre « Je vais d'abord me sanctifier. Je retournerai vers Dieu le jour où j'aurai résolu ce problème ». Ce résonnement va vous entraîner dans le domaine des œuvres et de l'auto justification.

Enfin, ayez un rêve dans votre vie, et vivez pour une cause. Avec la *vision* vient la motivation. Lorsque vous avez la forte motivation de créer une belle œuvre dans votre vie, vous avez l'énergie et le désir de faire ce qui est juste.

Cela vous occupe également et vous ne finissez pas par faire n'importe quoi pour rompre l'ennui. Lorsque j'étais gamin, un gars m'avait dit un jour « Quand je m'ennuie, je mange ou je me masturbe ».

David a cédé à la convoitise en péchant avec Bath-Chéba alors qu'il flânait plutôt que d'aller au combat. Il était un homme de guerre et sa place était sur les champs de bataille.

Dieu vous a créé en Jésus Christ pour de bonnes œuvres, qu'Il vous a préparé afin que vous les pratiquiez (Éphésiens 2.10). Il a pour vous une mission, un ministère, une tâche à accomplir, et lorsque vous l'aurez trouvé, vous occuperez *votre champ de bataille*.

Traiter une nature conflictuelle

Dieu a fait de nous des êtres sociaux et ne nous a pas créé pour vivre seuls. Cela peut concerner la famille, les relations professionnelles, fraternelles, le ministère. L'accomplissement de notre destinée est lié à notre capacité à développer de bonnes relations. Nous ne pouvons rien faire sans les autres.

Certaines personnes ne parviennent pas à prospérer car elles ne savent pas nouer des relations saines.

Certains enchaînent les divorces et les mariages, d'autres vont d'églises en églises sans se fixer durablement, d'autres ne parviennent pas à conserver un emploi, d'autres enfin perdent leurs amis à cause de l'immaturité de leur caractère.

Je ne dis pas que toutes les mauvaises expériences que nous connaissons proviennent de notre asociabilité, car nous croisons aussi des gens authentiquement nuisibles, mais c'est parfois le cas.

Prier, changer d'environnement ou chercher à changer les autres ne résoudra rien puisque c'est en nous qu'il faut traiter le problème, et c'est dans la mesure où un changement intérieur s'opèrera que les situations extérieures changeront.

Si nous sommes parfois la source d'un problème nous pouvons aussi en devenir la clé. Le film Bruce Tout-puissant traite de ce sujet avec beaucoup d'humour et de vérité.

Bruce présente la météo sur une chaîne télé et rêve de devenir présentateur du journal, ce qui représenterait pour lui une promotion importante. Mais malgré ses efforts, ses rêves n'aboutissent pas et il se met à traiter son entourage avec mépris. Finalement, sa fiancée le quitte, ses amis le fuient, sa carrière s'effondre et sa santé défaille.

Au bout du rouleau, il se tourne vers Dieu et lui dit « Seigneur, ma vie est un échec. Fais un miracle. » Mais Dieu lui répond « Tu n'as pas besoin d'un miracle, Bruce, mais de devenir un miracle. Sois ce miracle. »

Voyez-vous, de la même manière que notre comportement immature dresse les gens contre nous et nous retient d'avancer, nous pouvons devenir la solution à notre problème en rectifiant notre attitude. En retour de votre attitude plaisante, les gens vous élèveront et vous ouvriront leurs portes, vous prospérerez en toutes choses.

Tout commence au niveau de notre cœur, et avant de faire un miracle *autour* de nous, Dieu veut d'abord opérer *en nous* le miracle d'un cœur transformé.

« Ceux qui créent la paix autour d'eux sèment la paix et la récolte qu'ils obtiennent, c'est une vie juste. » Jacques 3.18 (FC)

Nous pourrions écrire des milliers de livres sur la manière d'améliorer nos relations mais l'une d'entre-elles, comme chez Bruce, est de ne pas reporter notre mauvais caractère sur les autres à cause des épreuves de la vie.

Les gens ne sont pas responsables de nos situations et ils ne méritent pas de subir notre mauvaise humeur. Il est important de maintenir une attitude respectueuse même lorsque le soleil ne brille pas comme il le devrait dans notre vie.

Un autre point est de renoncer à notre droit d'avoir raison lorsque nous sentons la dispute poindre.

Certains diraient « Mais ce n'est pas juste. J'ai raison et il a tort. » Mais que vous ayez raison ou tort importe peu car ce qui compte est de préserver la paix. Vous avez le droit de ne pas être d'accord et exprimer votre point de vue, mais si cela risque de déboucher sur une querelle, il vaut mieux se taire. Et d'autre part, rien ne dit qu'il/elle ait tort, l'avenir révèlera la vérité.

« Se retirer d'une dispute est un acte honorable. Seuls les imbéciles s'y entêtent. » Proverbes 20.3 (FC)

Un 3ème point pour améliorer nos relations est d'accepter que les gens soient différents de vous ou qu'ils pensent différemment, sans les juger. Votre opinion n'est pas nécessairement la meilleure, et réciproquement.

Si vous êtes un affreux donneur de leçon, que vous les jugiez d'être ce qu'ils sont, ou que vous leur citiez sans cesse les Ecritures pour les démonter, vous allez leur casser les pieds et ils vous fuiront.

Chaque personne a des convictions propres. Certains points doctrinaux sont incontestables et fondamentaux, mais certains autres sont sans importances et chacun a le droit d'avoir un avis différent.

« …Cependant, si vous avez une autre opinion, Dieu vous éclairera à ce sujet. » Philippiens 3.15b (FC)

J'ai connu un adventiste guadeloupéen qui a prié pour ne plus aimer le lambi, un coquillage que l'on trouve en mer antillaise – car les adventistes pensent, comme l'Ancien Testament le dit – qu'un croyant devrait s'abstenir de certains aliments, comme le porc ou les coquillages. Et devinez quoi ? Son amour du lambi est parti.

A l'opposé, j'ai connu une évangélique pour qui l'on a prié afin qu'elle soit guérie de son allergie au porc. Devinez quoi ? Elle peut manger du porc aujourd'hui. Chacun a ses convictions propres que Dieu honore.

Nous sommes libre d'exprimer notre désaccord mais soyons sûr d'être animé du bon esprit. Peu importe que notre doctrine soit juste et celle de l'autre fausse, l'important est l'attitude de cœur avec lequel nous l'exprimons.

Lorsque vous avez une attitude correcte avec votre entourage proche, cela ne vous réconcilie pas seulement avec les autres, mais aussi avec vous-même.

Se dégager des relations toxiques

« Ne vous y trompez pas : les mauvaises compagnies corrompent les bonnes mœurs. » 1 Corinthiens 15.33

Les gens que nous fréquentons font la personne que nous sommes. Paul nous dit que les mauvaises relations corrompent les bonnes mœurs. En l'occurrence, nous devons veiller aux gens que nous admettons dans notre cercle direct d'influence, car ceux-ci nous tireront soit vers le haut, soit vers le bas.

Certaines de nos relations sont toxiques et Dieu nous donne la sagesse de nous en dégager, puis de nous tourner vers celles qui vont apporter *un solde positif sur notre compte*.

Nous devrons parfois marquer une pose et admettre les évidences « Je ne grandis pas avec cette personne. Je me sens mal, rabaissé, jugé. Elle ne fait que critiquer, se plaindre, et cela me rend aigri et négatif à mon tour. »

Cela n'est pas du jugement mais de la lucidité. Il nous faut voir clair au sujet de certaines personnes et savoir mesurer leur influence dans notre vie. Le Seigneur ne nous reprochera jamais d'admettre qu'une personne est toxique et qu'elle risque de nous ralentir.

Par *charité chrétienne*, nous nous sentons parfois obligés de fréquenter tout le monde, de nous entendre avec tout le monde. Mais le Seigneur ne nous demande pas cela. Vous pouvez aimer tout le monde, mais parfois... de loin.

Fréquentons des gens qui sont remplis de foi, qui nous mettent au défi, nous encouragent, qui ne passent pas leur temps à se plaindre, qui ne sont pas manipulateurs, qui ne font pas que se divertir. Inspirons-nous de cet homme qui traite les gens avec respect, qui a des objectifs, qui est discipliné, qui travaille.

Bien sûr, cela ne signifie pas que nous devions cesser d'aller vers les gens, et notamment des *éclopés* de la vie. Jésus lui-même fréquentait les prostituées, les adultères et les voleurs, mais il s'agit là d'un tout autre sujet. D'autre part, nous avons tous des défauts et personne n'est pas parfait, mais nous devons aussi faire preuve de sagesse vis-à-vis des gens que nous admettons dans notre cercle d'amis intimes.

Maintenant, voyons les différents types de relations toxiques :

Une catégorie est celle de gens qui abusent de vous verbalement. « Tu ne fais rien correctement », « tu n'es qu'un bon à rien », « Tu es moche », disent-ils à longueur de temps. Ceux-ci vous blessent et vous amenuisent.

Une autre catégorie est celle des gens négatifs. Cette négativité peut se manifester par de la critique, du cynisme, du sarcasme, des plaintes incessantes. Si nous restons à leur contact, leur négativité va nous contaminer et nous n'accomplirons jamais rien de bon, car Dieu ne bénit pas la négativité.

Les gens négatifs vous diront également que ce que vous entreprenez va échouer. En fait, elles ne le pensent pas, mais elles savent que vous avez des chances de réussir, et comme elles sont trop paresseuses pour entreprendre quelque chose, et plutôt que de vous imiter en payant le prix de l'excellence, elles vont chercher à vous abaisser à leur niveau de médiocrité.

Autrefois, lorsque je me sentais seul, j'allais rendre visite à une chrétienne qui habitait près de chez moi. Mais j'ai remarqué que, derrière ses sourires, elle m'écoutait dans l'idée de collecter des informations à mon sujet, puis d'aller les colporter à tout le monde en déformant la réalité.

J'avais aussi remarqué qu'elle portait un regard incrédule sur mes projets dont je lui faisais part. Or, son incrédulité m'affectait et je finissais par douter de moi-même. Aujourd'hui, j'ai totalement cessé de la voir et je ne m'en porte que mieux.

Une autre catégorie de relations toxiques concerne celle des gens *à problèmes* qui profitent de votre gentillesse et pompent toute votre énergie en vous demandant sans cesse de les aider. Celles-ci ne font jamais rien pour elles-mêmes et sont comme des sangsues jamais repues.

Vouloir soutenir de telles personnes est une perte de temps, car nous ne pouvons aider une personne qu'à la condition qu'elle soit elle-même dans une démarche de foi et qu'elle désire sincèrement voir sa situation changer.

En France, les œuvres de bienfaisances regorgent de gens qui ont une mentalité de « t'aurais pas une petite pièce ? » mais qui refusent de travailler.

Dieu ne nous demande pas de rendre tout le monde heureux. Certains ont des besoins auxquels nous pouvons pourvoir, mais d'autres sont des manipulateurs. Or, si vous vous investissez trop auprès d'eux, non seulement leur situation ne changera pas, mais ils vous épuiseront et vous n'aurez même plus de force pour relever vos propres défis.

En fait, le meilleur moyen d'aider une personne sera parfois de ne pas intervenir.

J'ai entendu parler d'une femme qui avait un passé douloureux. Elle était mariée, avait un enfant, et son mari l'aimait. Mais elle sortait sans cesse pour faire la fête. Parfois, elle ne revenait pas avant plusieurs jours. Elle était également dépressive et très instable dans son caractère. Son époux s'est énormément démené pour la rendre heureuse et récupérer toutes ses bêtises.

Puis un jour, il a remarqué que, non seulement elle ne changeait pas, mais qu'il finissait lui-même par aller mal. Il lui a alors dit « J'en ai marre. A partir de maintenant, je ne vais plus rien faire pour toi. Je t'aime, mais tu te débrouilles. » Finalement, son épouse a opéré un changement extraordinaire. Aujourd'hui, ils sont un couple sain, fort et plus heureux que jamais. Cette femme a dit un jour « Il n'y avait pas de phrase que j'avais le plus besoin d'entendre. »

Nous ne rendons pas service à une personne en voulant trop faire de choses à sa place. Cela peut partir d'un bon sentiment, mais en définitive, elle ne grandira pas et n'entreprendra jamais rien par elle-même.

Développer un esprit respectueux

On ne peut juger de la maturité d'une personne au nombre de versets bibliques qu'elle connaît, à sa bonne théologie ou au temps qu'elle passe en prière, mais à la manière dont elle traite les gens. Dieu n'est pas impressionné par nos performances mais s'intéresse au respect dont nous faisons preuve à l'égard des gens. Le respect est une marque de réelle maturité et en dit plus à notre sujet que toute autre chose.

Aujourd'hui, bien des gens passent pour être pieux mais ils sont totalement charnels. Ils évangélisent, prêchent et jeûnent mais traitent les gens comme des ordures.

J'ai connu autrefois une personne très consacrée dont la piété ne servait qu'à masquer le manque d'amour. Elle lisait sa Bible en permanence, se levait aux aurores pour prier, louait Dieu de tout son cœur, mais elle traitait les gens plus bas que terre. Finalement, et après que le Seigneur l'ait longuement averti, sa vie s'est effondrée comme un château de sable au contact de l'eau.

Le Seigneur se fiche de ce que vous accomplissez en Son nom si vous négligez Son plus grand commandement : l'amour. Nos accomplissements, aussi bibliques soient-ils, ne pèseront jamais plus lourd dans la balance et ne sauraient compenser notre manque d'amour. Paul dit :

« Quand je distribuerais tous mes biens pour la nourriture des pauvres, quand je livrerais même mon corps pour être brûlé, si je n'ai pas l'amour, cela ne me sert de rien » 1 Corinthiens 13.3

Le meilleur témoignage que nous puissions donner est celui d'une attitude respectueuse, et lorsque nous nous mettons à son école, c'est alors que Dieu nous utilise véritablement.

Lorsque Dieu a cherché des vases pour contenir Sa gloire et donner au monde son Sauveur, Il S'est tourné vers Zacharie et sa femme Elisabeth, le vieux Siméon, la prophétesse Anne, Joseph et Marie. Pourquoi ? Parce qu'ils avaient un bon cœur. Quant aux pharisiens, si orgueilleux et avides de performances religieuses, ils furent disqualifiés.

Certains justifient leur attitude irrespectueuse en affirmant qu'ils ont raison au sujet d'une situation quelconque. Vous pouvez, certes, avoir raison dans le fond mais tort dans la forme, car le fait d'avoir raison ne vous donne pas le droit de traiter quelqu'un comme un moins-que-rien. Nous ne devrions jamais abaisser une personne à un niveau inférieur et la faire se sentir mal à ses yeux.

En fait, le meilleur moyen d'amener une personne à changer est de la traiter avec honneur. Si nous voulons être convainquant au travail, auprès de nos amis ou de nos proches, nous devrons mesurer le ton de notre voix et rester courtois.

« …Plus une parole est aimable, plus elle est convaincante. » Proverbes 16.21

Dans un désaccord, nous pouvons au moins maintenir une attitude correcte. Vous aurez plus de chance de régler un litige en maintenant une bonne attitude qu'en vous fâchant, et si vous ne vous entendez pas avec quelqu'un, vous pouvez au moins rester courtois et ne pas le diffamer derrière son dos.

Enfin, les personnes envers lesquelles nous devrions manifester le plus de respect et d'honneur sont les membres de notre famille. Paul dit :

« Si quelqu'un n'a pas soin premièrement des siens, et principalement de sa propre famille, il a renié la foi, il est pire qu'un infidèle » 1 Timothée 5.8

Un couple dont j'ai entendu parler ne parvenait pas à avoir d'enfant, malgré leur foi et leurs prières. Un jour, le Seigneur finit par dire à l'homme « C'est parce que tu manques de respect à ta femme. » Il demanda alors pardon au Seigneur et corrigea son attitude. Quelque temps plus tard, son épouse est tombée enceinte et a donné le jour à un petit garçon. L'enfant a grandi et est en parfaite santé aujourd'hui.

Le respect des femmes envers leur époux est un sujet précieux au cœur de Dieu. Paul, écrivant sous l'inspiration du Saint Esprit, dit :

« Femmes, soyez soumises à vos maris… » Ephésiens 5.22

Cette parole ne signifie pas que la femme doive se soumettre à une autorité abusive, mais qu'elle doit mettre son époux dans une position telle que, par ses encouragements et une attitude positive, il prendra de l'assurance et assumera pleinement ses responsabilités pour conduire la famille à sa destination.

Le mot *soumission* vient du grec *hypotasso* et signifie *mettre sous*. L'idée sous-jacente est celle d'une femme qui se positionne derrière son époux, fléchit les hanches et exerce une pression du bas vers le haut pour l'aider à se redresser et à se tenir droit. Par exemple, il est dit que Sara, en sa qualité de femme soumise, appelait Abraham « son prince » (1 Pierre 3.5-6). Elle lui disait en somme « Chéri, tu peux y arriver, tu es le meilleur, je crois en toi ». Sara ne mettait pas son mari dans l'embarra mais adoptait une position d'amour et de foi.

La soumission de la femme est donc une position d'influence et d'encouragement. Mesdames, vous devez être le **coach**, le **supporter**, le **fan** de votre époux.

Vous avez entièrement le droit de penser qu'il ne soit pas le plus doué, ou qu'il ne fasse pas de bons choix, mais vous pouvez au moins ne pas le rabaisser. Si vos paroles risquent de le blesser, ne dites rien. Quelqu'un a dit « N'utilisez jamais un marteau pour écraser la mouche qui vole sur la tête de quelqu'un. »

Cessez de vous blâmer

« L'homme bon se fait du bien à lui-même, mais l'homme cruel provoque son propre trouble. » Proverbes 11.17 (Segond 21)

Nous admettons sans peine devoir faire grâce aux autres et ne pas les agresser verbalement, mais nous pensons rarement à appliquer ce principe à nous-même. Devant les maladresses d'autrui nous disons « Il est jeune, je lui pardonne, Dieu le changera », mais face aux nôtres nous disons « Je suis médiocre », « Je ne comprend jamais rien », « Je manque de discipline ».

Nous pouvons être si durs envers nous-même. Et nous pensons même faire plaisir à Dieu.

Mais de la même manière que nous ne devrions pas blâmer les autres, nous devrions apprendre à ne pas nous blâmer. Avant d'exercer le ministère envers les autres, nous devons déjà l'exercer envers nous-même.

Ainsi, veillez à ce que vous dites et interdisez à votre bouche de vous dévaluer.

Tel un indien qui dompte ce mustang sauvage et l'amène à se soumettre à sa volonté, domptez votre langue et apprenez-lui à cesser de vous blâmer. Montrez-lui qui est le maître.

C'est à vous de dominer sur elle et non à elle de dominer sur vous.

Orienter son âme dans la bonne direction est notre responsabilité, et non celle de Dieu. Si vous n'entreprenez rien, vous garderez toute votre vie une piètre image de vous et vous déprimerez. L'action du Saint Esprit ou l'imposition des mains n'y changera jamais rien.

Cela ne se fera pas du jour au lendemain mais, de la même manière que vous avez pris l'habitude de pratiquer l'auto reproche, vous pourrez, par une pratique assidue et quotidienne, remplacer une mauvaise habitude par une bonne.

Tout comme vous choisissez chaque jour les vêtements que vous portez, ou les aliments que vous mangez, vous pouvez choisir vos paroles.

En fait, vous ne vous élèverez jamais au-delà de vos pensées. C'est pourquoi Dieu dit :

« Avant tout, prends garde à ce que tu penses au fond de toi, car ta vie en dépend. »
Proverbes 4.23 (Français Courant)

Ce que vous pensez à votre sujet détermine ce que vous allez faire dans la vie. Une mauvaise estime de soi vous conduira à faire de mauvais choix, et une bonne à en faire de bons.

Les issues de notre vie ne tiennent donc pas nécessairement aux circonstances, au fait d'être né dans la bonne famille ou dans le bon pays, mais aux pensées.

La manière dont vous pensez peut vous conduire à la richesse, la santé, au mariage, à un mariage fort, à un ministère plein d'intérêt, à vaincre un péché.

Ensuite, vous ne servirez pas non plus les gens au-delà de ce que vous pensez de vous-même. La qualité de votre service envers une autre personne n'aura d'égal que l'opinion que vous avez de vous-même.

La compagnie des gens qui ont peu d'estime propre nous met mal à l'aise, mais l'on apprécie celle ce ceux qui sont à l'aise avec eux-mêmes, car leur attitude nous valorise et nous sécurise.

Si vous vous diminuez verbalement, les gens vont vous fuir, car vous leur renvoyez une image négative d'eux-mêmes qu'ils ne connaissent que trop bien et qu'ils veulent précisément oublier.

Et enfin, ils vous mesureront selon la mesure avec laquelle vous vous mesurez : Ce n'est pas qu'ils soient méchants, mais si vous vous considérez comme de la boue, c'est ainsi qu'ils vous traiteront, car c'est le matériau que vous leur donnez pour vous évaluer.

S'ils vous tapent, c'est que vous leur avez tendu le bâton pour vous taper.

Je ne dis pas que nous devions devenir égocentrique ou prétentieux, ou encore de ne pas reconnaître honnêtement nos torts ou nos mauvaises attitudes. Mais, de même que Dieu veut que l'on ait une attitude positive à l'égard des gens, Il veut que nous ayons une attitude positive à notre égard.

Un jour, à mon travail, un jeune homme a demandé à une jeune fille « Pourquoi est-ce que tu portes un t-shirt *I am the best* ? » La fille lui a répondu « Mais si personne ne me le dit, comment vais-je le savoir ? »

Du haut de son mètre cinquante, j'ai toujours vu cette fille se comporter et être traitée comme une reine. Etait-ce de l'orgueil ? Non, juste du bon sens.

David n'a-t-il pas dit « Je te loue de ce que tu as fais de moi une créature si merveilleuse » ?

Cessez de maudire votre vie par vos paroles

«Qu'aucune parole mauvaise ne sorte de votre bouche, dites seulement des paroles utiles, qui répondent à un besoin et encouragent autrui, pour faire ainsi du bien à ceux qui vous entendent. » Ephésiens 4.29 (FC)

Dieu a planté en vous une semence de victoire et de succès afin que vous régniez dans cette vie comme un roi en Jésus Christ. Parce qu'Il vous a créé à Son image, Il veut vous rendre fort, stable, et que vous deveniez celui que vous êtes. Seulement, vous ne marcherez pas en vainqueur avant de vous être vu comme un vainqueur.

Pour ce faire, vous devrez déjà apprendre à ne pas prononcer de paroles négatives à votre sujet. Bien des gens ont laissé le diable saper leur foi et laissé de mauvaises semences pénétrer leur esprit par de mauvaises paroles.

« De la même bouche sortent la bénédiction et la malédiction. Il ne faut pas, mes frères, qu'il en soit ainsi » Jacques 3.10

En étudiant le contexte de ce passage, vous découvrirez que Jacques compare la langue au gouvernail d'un navire. Par nos paroles, nous donnons une direction à notre vie et l'orientons soit vers la bénédiction, soit vers la malédiction.

Certains, par exemple, disent « Je suis trop moche pour me marier », « Je suis trop vieille pour avoir des enfants », « Je ne suis pas suffisamment qualifié pour réussir» ou « Je ne suis pas assez intelligent pour faire des études ». Ils ont maudit leur vie et mangent aujourd'hui du fruit de leurs paroles. Nous devons cesser de dire de telles choses. Accepteriez-vous que quelqu'un vous dise « Tu es moche », « Tu es bête », « Tu rates tout ce que tu fais » ? Non, alors pourquoi le faire envers soi-même ?

Nous devons veiller avec soin sur nos paroles car elles modèlent notre esprit et déterminent le cours de notre vie. Vous ne devez pas parler en fonction de la piètre idée que vous avez de vous-même mais de que Dieu est capable d'accomplir au travers de vous. Nous voyons cela chez Abraham et Sara.

Dieu avait tracé une destinée glorieuse pour Abraham et Sara. Il voulait leur donner un fils mais surtout faire d'eux une race messianique. Mais auparavant, Il dut changer leurs noms. Dieu changea le nom d'Abram en Abraham, qui signifie *Père d'une multitude de nations* et Saraï en Sara, qui signifie *Princesse*.

Leur nom modelait leur foi et les préparait ainsi à recevoir les grandes choses que Dieu leur réservait. A chaque fois que l'on s'adressait à Abraham, on disait « Eh, Père d'une multitude de nations ! » ou lorsque l'on s'adressait à Sara on disait « Bonjour

Princesse ! Bonne nuit Princesse !». Sara était âgée et elle ne pouvait pas avoir d'enfant mais, à chaque fois que l'on prononçait son nom, on prononçait une bonne semence dans son cœur et sa foi se développait.

De la même manière, vous devrez proclamer les paroles de Dieu à votre sujet si vous voulez accomplir votre destinée et devenir celui que vous êtes en Christ. Chaque jour, dites « Je vais réussir et dominer dans tous les domaines sur lesquels Dieu m'a établi, je suis la tête et non la queue, une merveilleuse créature ». Cessez de dire « Je manque de discipline... je bois... je fume...je suis médiocre... je ne suis pas une bonne mère ».

Pour marcher en vainqueur, vous devrez d'abord vous voir comme un vainqueur. Certains diront que c'est de l'autosuggestion ou de la sorcellerie mais ce n'est pas le cas. Dieu a planté en chaque individu la capacité de réussir. Mais pour que cela prenne forme, vous devrez d'abord le dire. C'est ce que la Bible nous enseigne de faire :

« *...Que le faible dise : Je suis fort !* » Joël 4.10

Nos paroles ne modèlent pas seulement notre foi mais créent aussi des réalités dans le domaine naturel. Par exemple, lorsque Jésus a maudit le figuier, celui-ci est réellement mort.

Un homme et sa femme dont j'ai entendu parler ne parvenaient plus à avoir d'enfant. Ils avaient déjà une fille mais ils désiraient un garçon. Les années passaient et ils finirent pas se décourager. Un jour cet homme se renseigna sur la signification de son prénom Joe et découvrit qu'il s'agissait du diminutif de Joseph, qui signifie *Dieu rajoute*. Il a alors demandé que tout le monde l'appelle Joseph. Quelques mois plus tard, sa femme est devenue enceinte et a donné le jour à un petit garçon.

Ce ne sont pas les circonstances qui nous maintiennent dans l'esclavage mais nos paroles. Il n'y a pas de mauvais papas, de mauvaises mamans, de mauvais fils ou de mauvaises filles, il y a juste des gens qui proclament de bonnes ou de mauvaises choses sur leur vie.

Dieu avait oint le jeune Jérémie comme prophète et lui dit « Je te connaissais avant même de t'avoir formé dans le ventre de ta mère, je t'avais mis à part pour me servir avant même que tu sois né, et je t'avais destiné à être mon porte-parole auprès des nations. » Mais Jérémie dit « Hélas ! Seigneur Dieu, je suis trop jeune pour parler en public ! » D'une certaine manière il disait « Les gens vont se moquer de moi, ils vont me rejeter, je vais échouer ». Mais Dieu l'a stoppé net et dit « Ne dis pas que tu es trop jeune... » Il l'a empêché de maudire son avenir et louper ainsi sa destinée (Jérémie 1.4-8).

Libérer notre appel par la discipline

Nous avons tous des talents et un appel mais ils ne prendront jamais corps sans discipline. Bien des gens, pourtant très doués dans un domaine, ne libèrent pas leurs dons car ils ne se donnent pas les moyens de les développer avec rigueur et constance, ou ne surmontent pas les contraintes que cela engage. La discipline est un outil puissant que Dieu nous a donné, et sans elle, nous ne parviendrons à rien.

Le manque de discipline est en partie ce qui a mis en échec le *mauvais serviteur* dont nous parle Jésus dans une parabole.

Un maître partit en voyage et remit une somme à ses trois serviteurs selon leurs capacités à gérer ses affaires. Il remit à l'un cinq sacs d'argent, deux à l'autre, puis un au troisième. Les deux premiers firent fructifier cet argent et en rapportèrent le double à leur maître, mais le troisième, portant un regard méprisant sur la petite somme qui lui fut attribuée, partit creuser un trou pour l'y cacher et ne la fit pas fructifier (Matthieu 25.14-30).

La petite somme n'était pas le vrai problème de cet homme mais son attitude. Il l'a jugea insignifiante et ne se mit pas en peine de la faire fructifier. S'il l'avait fait, elle aurait multiplié et apporté à son maître des intérêts.

A l'inverse de cet homme, nous devons honorer les talents que Dieu nous a donnés par la discipline, car la discipline est un moyen d'honorer ce don. Le temps et l'énergie que nous investissons dans une chose détermine l'attention que nous lui accordons.

Aujourd'hui, quels sont vos rêves ? Peut-être s'agit-il de faire des études, accomplir un ministère, monter une affaire, ou tout simplement grandir dans la foi. Vous aurez besoin d'être armé d'une bonne volonté et d'être assidu. Pierre dit :

«... Soyez de bons gestionnaires des dons que Dieu vous a donné....» 1 Pierre 4.10

Posséder un don, aussi grand soit-il, ne suffit pas, et nous allons devoir bien le gérer. Comment ? En organisant notre journée, en établissant des priorités, en prenant des cours, en lisant des livres, en pratiquant tous les jours, en démarchant... Bref, tout ce que nous pouvons faire pour qu'il prenne corps.

Aujourd'hui, nous vivons dans une société que veut du résultat sans en payer le prix. Les magazines parlent de « maigrir sans efforts », « gagner de l'argent sans travailler », «être musclé sans faire de sport ». Mes amis, nous ne pourrons jamais obtenir les grandes choses de la vie sans payer le prix.

Personnellement, même si j'apprécie chaque jour la vie, j'ai appris à vivre d'une manière très disciplinée. Je passe trente minutes par jour à étudier la Bible, trente minutes à prier, une heure à rédiger mes articles, je fais cinq minutes de musculation pour m'entretenir, et je veille à mon alimentation afin de garder une belle silhouette. J'ai aussi établi des priorités et supprimé des choses qui, bien que bonnes, me retiendraient d'atteindre des objectifs majeurs, car l'on ne peut tout faire en une journée.

La discipline – vécue dans la grâce bien entendu – est devenue mon credo.

Enfin, une autre clé pour ouvrir de merveilleuses portes dans notre vie sera, comme le sous-entend Pierre, d'être un « bon gestionnaire des dons que Dieu nous a donné », et non « des dons qu'Il ne nous a pas donné. »

Autrement dit : ne cherchez pas à faire des choses pour lesquelles vous n'avez aucun talent et que vous feriez uniquement par jalousie ou compétition, parce que tout le monde le fait, ou encore parce qu'elles vous semblent juste.

Trop souvent, nous gâchons notre énergie au profit de tâches auxquelles Dieu ne nous destine pas. Nous cumulons des activités car elles nous semblent bonnes mais, au final, nous n'en accomplissons aucune correctement, car l'on ne peut poursuivre plusieurs buts et être pleinement efficace en tous. Vous devrez donc sacrifier certaines choses, pourtant bonnes, puis établir des priorités en vous demandant « Qu'est-ce qui est important, peu important, accessoire ? ». Paul dit :

«... que chacun se fasse une opinion juste de lui-même et qu'il revête des sentiments modestes...» Romains 12.3

Faites-vous une idée juste de ce que vous êtes censé faire et veillez à le suivre, puis laissez les personnes compétentes faire le reste. Acceptez vos limites car Dieu ne vous demande pas de tout faire.

La discipline est notre amie et non notre ennemie, et il est plus facile de vivre avec que sans. Vivre sans discipline semble moins contraignant mais, sur du long terme, vous paierez une facture salée. Mais si vous acceptez de souffrir un temps, la récompense sera grande et les fruits abonderont.

Jésus recherche des hommes et des femmes qui sont prêts à faire l'investissement de leur vie en vue de choses qui leurs seront profitables plus tard.

Le succès dans la vie n'est pas affaire de talent ou de circonstances – bonnes ou mauvaises – mais de rigueur et de constance. Les gens qui portent du fruit ne sont pas les plus beaux, les plus futés, les plus spirituels ou qui sont nés dans le bon environnement, mais les « bons gestionnaires ».

Ne prenez pas tous les « non » pour des « non »

Nous empruntons parfois des chemins le long desquels aucune opposition ne nous fait face et où les portes s'ouvrent avec aisance. Mais parfois, des obstacles se dressent et celles-ci refusent de s'ouvrir. Il est alors facile de baisser les bras puis de passer notre chemin.

S'il est vrai qu'une porte qui refuse de s'ouvrir nous indique qu'il ne faille pas insister, certaines autres méritent que nous persévérions et que nous ne lâchions pas.

Autrement dit, s'il y a des « non » qui veulent dire « non », il y a en a d'autres qui veulent dire « Essaie encore. Insiste. Il y a une chance. » Nous devrons alors persévérer jusqu'à ce que ces « non » se changent en « oui ».

J'ai entendu le témoignage intéressant d'un pasteur, que j'appellerais José.

Il était le pasteur d'une grande église et avait reçu pour consigne du Seigneur de ne pas se marier avant l'âge de 28 ans. Mais passé cet âge, il commença à s'attacher à une jeune anglaise qui fréquentait son église et qui était venue effectuer un stage en France.

Un jour, il se décida à lui déclarer sa flamme et lui dit « Olivia, je t'aime. Veux-tu m'épouser ? » Elle a réfléchit un temps et lui a dit « Heu…non ! » Mais José a pensé « C'est pas grave, ma petite, je ne prendrai pas ce non pour un non. »

Les semaines et les mois se sont succédés et le cœur de la belle semblait toujours inaccessible. Les demandes du soupirant se soldaient systématiquement d'un « non ». Mais José n'abandonna pas la partie car il savait qu'elle était celle que le Seigneur lui avait destinée.

Un jour, alors qu'elle avait regagné l'Angleterre pour un temps, José lui a demandé s'il pouvait venir la rejoindre sur le champ, et elle lui a répondu d'un air vaguement intéressé « Ok, Si tu veux. »

Le ton commençait à changer : d'un « non » catégorique, elle était passée à une sorte de « Pourquoi pas, je ne suis pas tout à fait désintéressée, il y a une possibilité pour que…éventuellement… »

Finalement, et pour faire court, il se sont mariés. C'est un couple heureux et bénit aujourd'hui. Tout deux prêchent, ils ont des enfants et l'église grandit.

Olivia dit un jour au sujet de cette rencontre « La détermination de José est ce qui m'a le plus décidé à l'épouser. J'ai compris que c'était un homme sérieux car il n'abandonne pas facilement. Je savais que la détermination dont il usait envers moi serait celle qu'il aurait pour faire fonctionner notre couple. »

Si vous passez aujourd'hui par une situation similaire et que vous êtes intéressé par une personne qui ne l'est pas, cela ne signifie pas que vous deviez insister, car peut-être qu'elle n'est pas celle que Dieu vous destine, mais comprenez une leçon de sagesse.

Nous ne devons pas tomber dans le statu quo devant tous les « non » de la vie car certains méritent que l'on s'y attardent.

Certains me poseraient la question « Mais comment savoir si je dois insister ou passer mon chemin ? »

Je ne peux pas répondre à votre place, mais je sais que nous pouvons suivre notre instinct, ou apprendre à écouter Dieu par nous-même. Le fait que vous ayez donné votre vie à Christ démontre que vous avez su entendre Sa voix. Vous avez donc la capacité de recevoir Ses directives pour votre vie.

Abraham eut ce discernement pour reconnaître Dieu lors d'une visite.

Trois anges semblables à des hommes sont venus un jour à lui, et l'un d'eux nous est dit qu'il était le Seigneur. Je ne sais pas s'il s'agissait de Dieu lui-même Se manifestant sous des traits humains, ou d'un ange venu parler en Son nom, mais dans tous les cas il s'agissait d'un rendez-vous divin (Genèse 18).

Il les a alors accueillit, traité avec égard, nourrit, et s'est entretenu avec eux.

Abraham eut la sensibilité de reconnaître Dieu dans cette circonstance. Il sentit que cet évènement n'était pas purement terre à terre mais que Dieu se cachait derrière. Nous pouvons aussi avoir cette sensibilité pour reconnaître Dieu derrière certaines de nos situations.

Dieu vous rencontrera dans des périodes de votre vie, vous aurez des rendez-vous divins, des opportunités. Vous devrez alors chercher à ouvrir ces portes même si, au premier abord, elles semblent fermées.

Pensez aussi aux hébreux lorsque ceux-ci, sous ordonnance divine, furent appelés à quitter l'Egypte pour se rendre en Terre promise. Ils étaient dans la faveur divine mais pharaon a refusé de les laisser partir. Mais Moïse fut convié par l'Eternel à ne pas prendre ses « non » pour des « non ». Avec beaucoup de persévérance, cette situation a fini par se transformer en « oui ».

Enfin, ces « non » qui doivent se changer en « oui » ne concernent pas nécessairement des choses pour lesquelles Dieu vous a demandé de combattre, mais aussi, tout simplement, des choses qui vous tiennent particulièrement à cœur et que vous tenez à voir s'accomplir.

Nous avons une volonté propre et Dieu aime répondre aux désirs de notre cœur.

« Fais de l'Eternel tes délices et il te donnera selon les désirs de ton cœur. »
Psaumes 37.4

Faites de vos circonstances votre opportunité

« Nous savons, du reste, que toutes choses concourent au bien de ceux qui aiment Dieu, de ceux qui sont appelés selon son dessein. » Romains 8.28

Nous passons parfois par des périodes durant lesquelles tout semble bloqué, où les choses n'avancent pas suffisamment vite. Or, si Dieu intervient parfois immédiatement pour nous délivrer, Il n'agit pas toujours tout de suite et la sagesse nous indiquera d'avoir la bonne approche de nos situations.

Cette approche consiste à nous adapter à ces situations et en faire notre opportunité.

Ainsi, lorsque vos espoirs semblent différés, ne pleurez pas mais utilisez ces circonstances comme marchepied pour vous élever. Vos épreuves peuvent devenir votre plus grande opportunité.

Par exemple, si vous êtes célibataire, pourquoi ne pas utiliser votre temps libre pour rendre visite à des gens et être bon envers eux, ou encore lire des livres et apprendre le maximum de choses au sujet du mariage afin de vous y préparer, ou enfin, travailler sur votre caractère pour développer vos qualités relationnelles ?

Si vous êtes sans emploi, que vous souhaitez exercer un ministère, ou que vous êtes dans l'attente qu'une situation administrative quelconque se débloque, pourquoi ne pas utiliser ce temps dont vous disposez pour étudier la Bible plus en profondeur, faire preuve d'altruisme, faire une formation ?

Ne soyez pas stagnant, mais apprenez à retourner les situations à votre avantage, jusqu'à ce que Dieu vous fasse à nouveau entrer dans une période de faveur.

Un proverbe dit « Si vous n'avez pas de citrons pour faire de la citronnade, faites de l'orangeade. »

Pensez à Joseph, Dieu avait dit qu'Il en ferait un leader puissant mais il est finalement devenu esclave. Mais pendant sa captivité, il est resté fidèle à Dieu et a donné son meilleur dans les différentes fonctions qui lui ont été données.

La promesse initiale de Dieu semblait saluer Joseph de loin, mais il a su rebondir sur les retards de sa vie. Non seulement ces emplois lui ont permis de développer ses capacités professionnelles, mais ils sont devenus le moyen par lequel même Dieu l'a conduit à sa destination finale. Ses épreuves sont devenues son opportunité.

Peut-être pensez-vous être né dans le mauvais pays, ou dans la mauvaise famille. Peut-être encore que des gens ont abusé de vous verbalement ou physiquement. Mais sachez que Dieu a un bon avenir pour vous. Peu importe d'où vous êtes parti car ce qui compte est là où vous vous rendez.

Si vous avez une communion intime avec le Seigneur et que vous marchez selon Sa sagesse, Il tournera toute chose à votre avantage. Il conduira en Son temps les bonnes personnes à vous et ouvrira miraculeusement les portes, sans lutte ni contrainte. Tout comme Il l'a fait pour Joseph.

Ensuite, sachez que Dieu utilisera précisément certaines de vos difficultés pour vous révéler Sa volonté et vous montrer ce qu'Il attend de vous.

Tyler Perry*, avant qu'il ne devienne un célèbre cinéaste aux USA, était pauvre et vivait parfois dans la rue, et il était psychologiquement très perturbé à cause des mauvais traitements que lui a infligé son père durant son enfance. Il se débattait sans trop savoir ce qu'il devait faire de sa vie, et comment guérir de son passé.

Un jour, il vit une émission d'Oprah Winfrey, une animatrice télé, qui conseillait aux gens de mettre leurs souffrances par écrit, puis de s'envoyer des lettres à eux-mêmes. Tyler a suivi ses conseils et, par crainte que quelqu'un ne tombe sur ses lettres et comprenne qu'il parlait de lui-même, il a créé des personnages et leur a donné un nom.

Finalement, il s'est découvert un don pour l'écriture et a pu identifier clairement que son mal-être provenait des mauvais traitements de son père. Avec quelques économies durement gagnées, il a monté sa première pièce de théâtre inspirée de ces lettres et a pardonné à son père.

Par la suite, ses pièces ont commencé à marcher et sa carrière a littéralement explosé.

Aujourd'hui, en seulement dix ans, Tyler Perry est devenu l'un des cinéastes les plus productifs et l'une des plus grosses fortunes d'Hollywood. Grâce à ses épreuves, et avec l'aide de Dieu, il a non seulement découvert sa vocation mais aussi le message fondamental de sa vie : le pardon, ne pas rester captif de son passé, et savoir se dégager des relations abusives (www.tylerperry.com).

Ses épreuves son devenues son opportunité.

Grâce à votre vécu, les épreuves par lesquelles vous êtes passés, Dieu va aussi vous indiquer le *message* de votre vie, ce que vous devrez prêcher, enseigner, dire ou faire.

Là où vous avez été éprouvé détermine précisément là où Dieu va beaucoup vous utiliser pour devenir une bénédiction pour autrui.

Révolutionnez votre âme

Une personne n'est pas nécessairement le fruit de son passé ou de son environnement, mais le fruit des pensées qu'elle a délibérément entretenu, ou qu'elle a laissé s'installer en elle.

Certaines personnes ont grandi dans un environnement pollué mais sont positives car elles ont veillé avec soin à ce que n'importe quelles pensées n'entrent pas en elles. Elles prennent alors de meilleures décisions, prospèrent dans leurs relations, et des portes favorables s'ouvrent devant elles.

D'autres, en revanche, semblent tout avoir, comme une famille, un emploi, la santé, mais se limitent considérablement dans la vie car elles n'ont jamais appris à filtrer leurs pensées et à suivre la bonne image.

Si des pensées déprimantes et négatives s'infiltrent facilement en elles, ce n'est pas qu'elles soient désavantagées par la vie, mais qu'elles ne leur ont jamais bloqué l'accès et qu'elles n'ont pas pris soin d'éduquer leur âme positivement.

Cette négativité peut se manifester par de la dépression, de la crainte, de l'amertume, du rejet, de la solitude, un esprit d'infériorité, une timidité extrême, du pessimisme. La liste serait longue.

La Bible laisse sous-entendre que le bonheur n'est pas toujours affaire de circonstances, mais d'attitude et de mentalité face à la vie. Certains sont systématiquement déprimés, tandis d'autres sont heureux par nature.

« Le malheureux vit sans cesse dans la peine. L'homme heureux vit dans une fête continuelle. » Proverbes 15.15

Ainsi, révolutionnez votre âme et choisissez vos pensées. Rejetez la dépression, la tristesse, le négativisme, et laissez entrer l'assurance, la confiance, la joie.

De la même manière que vous avez appris à cultiver votre être extérieur ou à le protéger de tout agent extérieur nuisible, protégez votre être intérieur et plantez-y de bonnes choses.

Cessez à votre âme de vivre dans l'anarchie mais imposez-lui l'ordre et orientez-là dans la bonne direction. Vous êtes ce que vous pensez, et votre âme prendra la direction que vous lui donnerez.

Cela réclamera beaucoup d'efforts et de persévérance de votre part, mais avec le temps, cela vous semblera naturel. Vous aurez remplacé une mauvaise mentalité par une bonne et celle-ci fera partie intégrante de votre nouvelle nature.

J'aime l'histoire de Jephté, dont le témoignage exemplaire nous est donné. Il était né d'une relation adultère entre une prostituée et un homme nommé Galaad, également père de plusieurs fils. A l'âge adulte, ses frères l'ont chassé car ils l'ont jugé indigne de partager leur héritage familial. Il s'est alors enfui et a constitué une équipe de super justiciers dont il était le chef craint et bien-aimé.

Il n'y avait pas de GIGN ou d'armée des casques bleus à l'époque mais à chaque fois que quelqu'un s'en prenait au peuple, dans ces temps d'insécurité constante, Jephté et son équipe de choc intervenaient pour le délivrer et le protéger.

Un jour, les Ammonites ont attaqué les Israélites et ses demi-frères l'ont supplié de les délivrer et devenir leur chef, ainsi que celui de toute la population de Galaad. L'Esprit de Dieu reposait puissamment sur Jephté et Il lui a donné de remporter une éclatante victoire sur les Ammonites.

Voyez-vous, Jephté partait très mal dans la vie : Il était le fils d'une prostituée, il était né d'une relation adultère, et sa famille l'a rejeté. Mais Jephté connaissait sa valeur. Il n'a pas mis foi en ce que les autres disaient de lui et il n'a pas subit la lourdeur de son passé. Il n'était peut être pas *voulu* des hommes, mais il était *voulu* de Dieu, car la vie vient de Dieu. Dieu dit de lui :

« Il y avait en Galaad un valeureux combattant, Jephté, le fils d'une prostitué et d'un homme appelé Galaad. » Juges 11.1

Le Seigneur l'aimait résolument et parlait de lui d'une manière très positive car il était animé d'un esprit positif et il allait de l'avant.

Jephté n'était pas un mercenaire comme certains le pensent, car il avait la crainte de Dieu et il a communiqué cette crainte à sa fille, mais un justicier. Son passé aurait pu faire de lui un homme méchant et amer, mais au lieu de cela, il a pris la défense des faibles et ne s'est pas apitoyé sur lui-même.

Le Seigneur a déversé Son Esprit sur lui et lui a donné la puissance de renverser ses adversaires. Jephté s'est engagé plus tard à tenir une promesse stupide, mais il était sincère et Dieu l'aimait malgré tout.

Dieu accorde Sa puissance à ceux qui ont un esprit conquérant et positif. Lorsque vous avez l'esprit de Jephté, le Seigneur vous donne Sa puissance et Sa faveur pour renverser toute forme d'adversité.

Un proverbe éwé, une ethnie togolaise, dit « Si tu ne sais pas d'où tu viens, saches au moins où tu vas. » Ce qui compte n'est pas d'où vous êtes parti mais où vous vous rendez. Jephté n'a pas choisi son passé mais il a su écrire son avenir.

Ne vous sentez pas jugé, car il est normal d'éprouver de la tristesse ou du découragement parfois, mais cela ne doit devenir votre identité ou votre nature.

La qualité de vos choix et l'orientation que vous donnerez à votre vie n'aura d'égal que les pensées dont vous remplissez votre âme.

Vivre passionnément

Ce qui compte dans la vie n'est pas ce que vous faites mais l'enthousiasme avec lequel vous le faites. Bien des églises ou des personnes manquent d'enthousiasme et peu de choses ne les distingue d'une organisation ou une personne ordinaire. Elles prient, louent, prêchent, servent mais sans enthousiasme ni vigueur.

En tant que fils et filles et Dieu, nous devrions vivre avec tellement plus de passion, car nous reconnaissons que tout vient de Dieu.

Je ne parle pas ici d'obligations religieuses et impersonnelles qui nous seraient imposées par un leader ambitieux mais des dons qui nous sont propres. Notre vie même est un don et tout ce qui la compose.

Vous pouvez être passionné dans votre louange, votre vie conjugale, l'expression de votre ministère, vos rapports avec les gens, vous pouvez manifester un fort intérêt à vos enfants. Au travail, ne vous contentez pas de faire juste ce que l'on vous demande, mais faites un peu plus et mieux, et ceci avec le sourire et en restant agréable à vivre. En toutes choses, sortez de la norme et faites le kilomètre supplémentaire.

Vous constaterez en regardant le ciel que toutes les étoiles ne brillent pas du même éclat et vous pouvez être cette étoile qui brille avec plus d'ardeur.

Le zèle et le feu que vous mettez dans un domaine étire votre âme et vous conduit à un niveau supérieur dans ce même domaine. Nous finissons toujours par vivre au niveau de ce que nous faisons.

Le Seigneur fait tomber sa pluie sur l'impie comme sur le juste. Nous sommes presque tous appelés à nous marier, aimer, avoir des enfants, travailler, mais tous ne le vivent pas à la même dimension.

Vous ne disposerez pas toujours de toute la théologie ou la connaissance dont vous auriez besoin, car la vie est un processus continuel d'apprentissage mais, aussi longtemps que vous êtes passionné, vous êtes une lumière pour ce monde.

J'ai passé quelques jours avec un couple d'amis suédois en visite dans ma région. Ingmar, le mari, était un évangéliste bouillant et un fervent croyant. Un jour, alors que son épouse faisait les boutiques, il est rentré et a crié « Où est ma femme, où est ma chérie ? »

Les clients ont été amusés mais émerveillés par cette manifestation publique d'amour. A une époque où le mariage est synonyme d'ennui et où *l'amour libre* est porté aux mues, son attitude a été plus convaincante qu'un long sermon sur la fidélité et l'amour conjugal.

Votre vie est votre meilleur pupitre et vous pouvez y prêcher votre meilleur message.

Par votre enthousiasme, vous démontrez aussi votre intérêt et attirez l'attention de Dieu ou des hommes qui vous élèveront en retour.

Jéroboam était passionné dans son travail et cherchait sans cesse à donner le meilleur de lui-même. Le roi Salomon a vu sa bonne volonté et a fait de lui le chef d'équipe chargé de superviser le travail des ouvriers. Plus tard, Dieu a aussi vu son enthousiasme et lui a accordé une promotion encore plus grande en faisant de lui le roi de Juda.

« Ce Jéroboam était un jeune homme de valeur. Salomon remarqua qu'il faisait bien son travail et il le désigna comme surveillant des ouvriers de Manassé et d'Ephraïm. » 1 Rois 11.28

Vous pouvez être aussi plus extraverti dans vos rapports avec les autres. Le répondant que nous trouvons chez les gens est souvent le reflet de notre enthousiasme ou de la franchise avec lequel nous délivrons un message.

Par exemple, si vous annoncez l'évangile timidement, il sera timidement accueilli. Une prédication enthousiaste produit un fort impact tandis qu'une prédication annoncée mollement en produit peu.

Si vous êtes pasteur, ne vous lassez pas non plus mais restez bouillant :

« Prenez soin comme des bergers du troupeau que Dieu vous a confié, veillez sur lui non par obligation, mais de bon cœur, comme Dieu le désire. Agissez non par désir de vous enrichir, mais par dévouement. » 1 Pierre 5.2

Enfin, un bon moyen d'être passionné est précisément de faire des choses qui nous passionnent. Nous faisons bien ce que nous aimons et nous faisons mal ce que nous faisons par obligation.

Cela arrive notamment dans le domaine de la prière. Les gens s'imposent un temps de prière très long parce qu'ils sont convaincus que de longues prières seraient plus efficaces, ou bien ils prient pour des sujets qui ne les intéressent pas.

Si c'est votre cas, vous pouvez prier pour des sujets qui vous enthousiasment et que vous voulez vraiment voir s'accomplir, et dans des temps qui sont à votre portée.

Mais quelque soit le domaine de votre vie, et dans la mesure où vous le pouvez, choisissez de faire ce qui vous passionne, et non des choses que vous feriez pour avoir bonne conscience ou pour faire bonne figure devant les hommes.

Ne négligez pas la puissance des petits changements

Le succès dans la vie ne tient qu'à de toutes petites choses simples et pratiques. Nous spiritualisons parfois trop la vie et nous réfugions derrières des doctrines fumeuses, alors que ce qui nous ralentit provient en fait de mauvaises habitudes mineures.

Pourquoi ne les traitons-nous pas ? Probablement parce qu'elles sont si petites que nous ne pensons pas qu'elles puissent être la source de nos problèmes, ou encore parce que nous pensons qu'elles font partie de nous-mêmes et que c'est ainsi que nous sommes.

En ce qui me concerne, l'une des manies dont j'ai été le plus captif est la procrastination, c'est-à-dire une tendance à remettre à plus tard les choses que je n'aimais pas faire, notamment le traitement de documents administratifs, ainsi que le manque d'organisation. Il m'arrivait même de ne pas regarder dans ma boîte aux lettres pendant des semaines par peur d'y découvrir des papiers à traiter.

Combien de fois me suis-je mis dans des situations très inconfortables car j'avais dépassé la date limite pour envoyer un document ? Il m'a parfois fallu des mois pour me dégager de situations très compliquées, et cela a engendré beaucoup de souffrance et de stress. Mais si j'avais traité ces situations au fur et à mesure, plutôt que de les remettre à plus tard, je n'aurais pas perdu mon temps et je me serais épargné des souffrances.

Il n'y a rien de comparable entre la souffrance nécessaire et passagère de faire ce qui est juste, et la souffrance des conséquences.

Aujourd'hui, je déteste toujours remplir la paperasse administrative, mais je la traite le plus rapidement possible. Et lorsque je me sais devoir faire une chose, je ne tarde pas. De toute manière, il arrivera un temps où il faudra affronter les situations, alors autant le faire tout de suite !

Si nous ne nous occupons pas de nos problèmes, nos problèmes s'occuperont de nous ! Soyez-en certains.

Le 2ème petit ajustement qui a changé mais vie est l'achat et la tenue fidèle d'un agenda. Cela était particulièrement important dans mon cas car je suis correspondant de presse, et l'essentiel de ma vie dépend de mes rendez-vous et des évènements du mois. J'ai même créé un proverbe : « Qui possède un agenda, possède le monde. »

Ainsi, je vous invite à examiner votre vie et voir les petites choses qui vous ralentissent, puis à faire les ajustements nécessaires. Elles peuvent vous sembler minimes, mais elles auront de grandes répercussions dans votre vie. Nous ne devons pas négliger la puissance des petites choses.

Le fait d'avoir Christ dans votre vie ne vous garantie pas que vous réussirez dans vos voies, et vous devrez aussi utiliser vos méninges. Certains aiment sincèrement le Seigneur, mais ils ne volent pas là où ils pourraient car ils ne prennent pas le temps de comprendre comment ils pourraient améliorer leur quotidien.

Voyez les non chrétiens : ils ne connaissent pas Christ, pourtant, beaucoup d'entre eux réussissent leur mariage, éduquent bien leurs enfants, gagnent bien leur vie, sont en bonne santé, car ils mènent leur vie avec sagesse.

Il y a de nombreuses années, le Seigneur m'a donné une prophétie en trois points. Le premier point était « Tu es trop spirituel. Je vais faire de toi un homme planté en terre. »

C'est une bonne chose de prier, connaître sa position en Christ, les doctrines profondes, etc. mais le Seigneur nous a aussi donné une intelligence et nous devons l'utiliser pour bien mener notre vie.

> *« Mon fils, que le discernement et la réflexion te guident, ne t'en détourne jamais. Ils te feront vivre une vie véritable et belle. »* Proverbes 3.21-22 (FC)

> *« Le bon sens procure la vie à ceux qui le possèdent. Les imbéciles sont punis par leur propre bêtise. »* Proverbes 16.22 (FC)

L'un de mes livres préféré est Proverbes, notamment dans la version Français courant. Vous n'y trouvez pas grand-chose de très *spirituel*, et on n'y parle d'ailleurs presque pas de Dieu, mais une somme d'instructions pragmatiques, concrètes et incroyablement terre à terre.

Elle nous enseigne à faire des plans et élaborer des stratégies pour réussir :

> *Celui qui s'applique à élaborer des plans connaîtra l'abondance, celui qui agit précipitamment connaîtra la disette.* Proverbes 21.5 (FC)

> *« C'est par la sagesse qu'une maison se construit, Et par l'intelligence qu'elle s'affermit »* Proverbes 24.3 (FC)

Imitez l'aigle et poussez sur vos ailes

«…ceux qui se confient en l'Eternel renouvellent leur force. Ils prennent leur envol comme les aigles ; ils courent et ne se lassent point, ils marchent et ne se fatiguent point. » Esaïe 40.31

L'aigle est l'une des images bibliques qui désigne le croyant. L'aigle ne vie pas au même niveau que les autres créatures des bois et des champs. Il vie sur les plus hauts sommets et vole très haut dans le ciel, bien plus haut que tout autre oiseau. C'est aussi un animal de proie. Il capture des proies mais ne se laisse pas capturer.

Alors que le monde d'en bas s'agite, l'aigle étend juste ses ailes et se laisse porter par les vents. Sans luttes ni contraintes.

Seulement, l'aigle a parfois besoin de pousser sur ses ailes pour gagner en hauteur et capter le bon vent qui va pouvoir le porter. Il y aura aussi des périodes dans votre vie où vous devrez pousser sur vos ailes pour prendre de l'altitude. Chaque période de planage et toute avancée majeure seront toujours précédées d'une période durant laquelle vous devrez pousser sur vos ailes et résister aux vents adverses.

Il s'agit d'une saison durant laquelle vous devrez résister par la foi à un plus haut niveau, prendre position par la Parole de Dieu, affirmer votre caractère, ou même traiter un péché. Il peut aussi s'agir de situations nouvelles et auxquelles vous devrez apprendre à vous adapter.

Sans résistance, un croyant ne peut pas grandir. La vie chrétienne est en fait une alternance de périodes de repos durant lesquelles Dieu nous accorde Sa faveur et où tout semble facile, et des périodes de résistances où nous devrons fournir un effort supplémentaire.

Ainsi, ne fuyez pas devant les obstacles mais utilisez-les à votre avantage. Ne laissez pas les tempêtes de la vie vous anéantir mais faites-en votre marchepieds pour atteindre un niveau supérieur.

Ces tempêtes ne viennent pas de Dieu, et Il veut vous en délivrer. Elles ne signifient pas non plus que vous ayez péché et ouvert une porte à l'ennemi. La vie est juste jalonnée de difficultés. Mais Dieu les utilise pour faire une œuvre en vous et vous amener à grandir, sans quoi vous resteriez des bébés spirituels.

Il vous aime trop pour vous laisser vivre au niveau du gibier. Parce qu'Il est Dieu et qu'Il vous a fait à Son image, Il cherche à vous amener au même niveau de domination et de gloire que Lui.

Dans les vents, Il vous permettra aussi de vous mesurer à Satan de sorte que vous appreniez à lui tenir tête et à lui résister. Ainsi, vous ne serez plus comme cette petite sourie agonisante dont ce joue le chat cynique et cruel, car ses accusations mentales et ses mensonges n'auront plus de prise sur vous.

Vous aurez ainsi plus de stabilité dans votre foi, vos émotions et votre pensée. Vous aurez plus de victoires et de prières exaucées.

Voyez-vous, nous n'aurons jamais le dessus sur notre adversaire avant d'avoir appris à nous battre contre lui.

« Résistez-lui avec une foi ferme... » 1 Pierre 5.9

« Soumettez-vous à Dieu. Résistez au diable et il fuira loin de vous » Jacques 4.7

Certains pensent « Vivement le jour où Satan me laissera tranquille ». Mais nous devons comprendre une bonne fois pour toutes que Satan ne nous laissera jamais tranquille. Nous devrons lui résister toute notre vie.

En l'occurrence, si nous n'apprenons pas à lui tenir tête aujourd'hui, nous n'y parviendrons pas demain. La question n'est donc pas de savoir s'il va partir, mais si je vais lui résister.

Ainsi, alors que vous vous attendez à Dieu dans un domaine quelconque, ne vous abaissez pas au niveau des circonstances et n'écoutez pas l'ennemi vous suggérer « Tu vois ? Ca n'a pas marché. Dieu n'agit pas. » Lorsqu'il vous accuse, ne cédez pas à ses accusations mentales et ne laissez pas vos émotions vous condamner.

Pour certains d'entre-vous, le Seigneur a hâte de libérer Ses bénédictions sur votre vie mais vous êtes encore trop fragile et vous n'avez pas encore appris à résister à Satan. Ses mensonges ont encore trop de prise sur vous.

Enfin, l'autre utilité des épreuves est qu'elles nous permettent de nous débarrasser du superflu dans notre vie.

Il ne s'agit pas nécessairement de péchés à proprement parler mais de choses sans intérêts qui nous ralentissent, comme des doctrines erronées, un complexe d'infériorité, un manque d'assurance, une tendance à s'inquiéter pour un rien, etc.

Les épreuves de la vie peuvent être si dures que, pour au moins ne pas boire la tasse, vous serez obligé de vous débarrasser de ce qui alourdie votre marche. Ce que vous n'auriez pas nécessairement fait dans un temps d'accalmie.

Un ballon dirigeable a parfois besoin de se délester pour prendre de l'altitude.

Il y a quelques années, j'ai été grandement éprouvé dans ma santé. Je me suis aussi aperçu que les techniques que l'on m'enseignait supposées m'apporter « la victoire », ou règles religieuses couramment enseignées dans les mouvements évangéliques, non seulement, n'apportaient aucun changement, mais qu'elles me rendaient la vie encore plus difficile. Chose dont je n'avais vraiment pas besoin. En l'occurrence, Dieu m'a permis de constater la faillibilité de ces doctrines. On peut ainsi dire que, grâce à mes épreuves, ma connaissance de Dieu est devenue plus juste.

Ne laissez pas l'amertume prendre racine

« Veillez à ce que nul ne se prive de la grâce de Dieu, à ce qu'aucune racine d'amertume, poussant des rejetons, ne produise du trouble... » Hébreux 12.15

Le Seigneur est bon et peu Lui suffit pour intervenir avec puissance dans nos vies. Mais parfois, l'amertume et la rancune ont pris racine dans notre cœur et cela Le retient de déverser Sa bénédiction dans nos vies

Il est normal de souffrir un temps lorsque des torts nous ont été faits, mais il n'est pas normal que cette souffrance s'éternise.

Il est dans l'ordre naturel des choses d'éprouver de la colère et du ressentiment lorsque quelqu'un a abusé de nous, nous a manipulé, trahi, mais il n'est pas normal de rester les éternelles victimes de notre passé.

Lorsque nous sommes bloqué sur les douleurs du passé, nous donnons accès à l'ennemi, puis nous empêchons Dieu de répondre à nos prières et de déverser Sa pluie sur notre vie.

Ainsi, afin qu'aucun nuage n'obscurcisse votre ciel et que vous retrouviez une communion dégagée avec le Seigneur. Refusez d'être les éternelles victimes de votre passé.

Cessez de penser continuellement aux torts qui vous ont été faits, à la manière dont vous pensez que vos parents auraient du vous éduquer, aux blessures physiques ou morales que l'on vous a infligé.

Cela n'est pas toujours facile et prend parfois du temps, mais priez pour que le Seigneur vous aide à pardonner et à vous extraire définitivement du passé.

L'histoire de Jonas traite de ce sujet avec humour.

Dieu avait donné l'ordre à Jonas de se rendre à Ninive pour y annoncer la repentance. Les ninivites n'étaient pas juifs et ne connaissaient pas l'Eternel, mais pourtant, à la prédication de Jonas, ils se sont repentis et se sont détournés de leurs mauvaises voies.

Seulement, Jonas était blessé et amer envers Dieu car Il leur avait manifesté de la bonté et de la faveur. Peut-être était-il raciste et lui a-t-il déplu que Dieu bénisse des païens.

L'Eternel a alors fait croître un ricin au dessus de la tête de Jonas afin que son ombre puisse le rafraîchir et calmer son irritation. Et Jonas fut très soulagé. Mais le lendemain, l'Eternel envoya un ver à ce ricin et il sécha.

Voyez-vous, Dieu n'a pas reproché à Jonas d'être irrité, et Il lui a même envoyé ce ricin pour soulager et restaurer son âme. Mais le lendemain, Il a fait crever ce ricin, et Jonas ne pouvait plus s'y réfugier. C'est comme si Dieu lui disait « Ok Jonas, je comprend ta blessure, et je vais t'aider un temps, mais n'en reste pas là. Le temps où je partageais ta peine est fini. Sors de l'apitoiement de toi et grandis» (Jonas 4.1-8).

Un temps de blessure est légitime et le Seigneur va vous restaurer. Seulement, il n'est pas bon de ressasser indéfiniment les blessures du passé, les torts que les gens vous ont faits, ou même les mauvaises décisions que vous avez prises, mais d'embrasser votre avenir avec force et foi.

Vous ne pouvez plus rien faire pour votre passé mais vous pouvez faire quelque chose pour votre avenir.

Certaines personnes ont un passé dont la douleur est compréhensible et disent « Mon père m'a battu », « Mes parents sont morts », « Mes parents m'ont dévalorisé et je n'ai aucune confiance ne moi. »

C'est peut-être vrai, mais vous devez cesser de boire quotidiennement votre dose de soupe à la grimace.

J'ai entendu ce témoignage amusant d'un pasteur :

A l'âge 14 ans, il est allé voir sa mère pour lui confier son mal de vivre et lui a dit « Je ne sais pas ce que j'ai maman, mais je me sens pas bien dans ma peau ». Mais sa mère ne lui a pas répondu et a poursuivi ses occupations sans lui prêter la moindre attention. Il a alors insisté, encore et encore, mais sa mère est demeurée sourde à ses supliques.

Il s'est alors offusqué et lui a dit « Je te partage mes peines et toi, ma propre mère, tu m'ignores ? » Elle lui a alors dit « Toi, toi, toi. Toujours toi. Cesse d'être centré sur ta petite personne et intéresse-toi plus aux autres. »

Il s'est converti un an plus tard et est devenu par la suite un redoutable évangéliste. Sa vie était désormais focalisée sur les autres.

Ne soyez pas bloqué sur vous-même, votre environnement ou les douleurs du passé, mais portez-vous sur l'avenir et embrassez-le avec force. Dieu interviendra en votre faveur car vous marcherez désormais par la foi.

Les pleurnicheries ne font jamais bouger Dieu mais la foi le fait.

Enfin, sachez que les comportements blessants de certaines personnes s'expliquent par le fait qu'elles ne font que retransmettre l'unique et mauvais modèle que leurs ont légué leurs ancêtres.

Par exemple, il a été remarqué que certains parents qui ont été maltraités dans leur jeunesse battent leurs propres enfants, car le modèle d'éducation qu'ils retransmettent inconsciemment est celui qu'on leur a donné.

Cela n'ôte en rien leur culpabilité, mais cela nous aide à faire preuve d'indulgence et à pardonner. Ces gens sont en définitive plus des victimes que des coupables.

Peut-être que vos parents n'ont pas toujours agis correctement envers vous, mais comprenez aussi qu'on ne leur a peut-être jamais montré comment s'y prendre autrement, alors qu'ils étaient jeunes.

Faites de votre journée un miracle

La plupart de nos journées sont routinières et ordinaires, mais nous pouvons faire en sorte qu'elles soient uniques en devenant une bénédiction pour quelqu'un.

Trop de gens aujourd'hui laissent leurs journées s'écouler médiocrement et ne donnent aucun sens à leur vie. Ils ne pensent qu'à eux-mêmes et ne se demandent pas ce qu'ils pourraient faire pour les autres.

Chaque matin, plutôt que de vous plaindre de vos collègues de travail, ou de vous apitoyer sur vous-même, cherchez par quel moyen vous allez pouvoir bénir quelqu'un et faire en sorte que cette journée soit spéciale pour lui.

Il y a des gens qui prient pour que Dieu fasse un miracle dans leur vie mais vous pouvez devenir ce miracle.

Presque tous les jours, je demande au Seigneur « Donne-moi l'opportunité de devenir la solution d'une personne », « Montre-moi qui bénir ». Parfois, je me promène et je dis « Je ne veux pas terminer cette journée sans avoir béni quelqu'un, même si ce n'est pas grand-chose. »

Soyez créatif et voyez de quelle manière vous allez bien pouvoir *faire la différence* dans la vie de quelqu'un.

Vous pouvez par exemple aider quelqu'un dans ses démarches administratives, accompagner une personne en voiture, tenir la porte derrière vous, offrir un sourire ou téléphoner à quelqu'un pour l'encourager.

Vous pouvez également rendre visite à des gens puis prier pour eux.

Ce que vous faites pour quelqu'un est une semence que Dieu utilisera pour vous bénir un jour, tôt ou tard, d'une manière ou d'une autre. Voyez ce verset :

« Lance ton pain à la surface de l'eau, car avec le temps tu le retrouveras »
Ecclésiaste 11.1

Une note en marge de ma Bible dit que les pains de cette époque étaient lourds, et donc, qu'ils coulaient directement dans l'eau si on les jetait. Mais sous l'effet de l'eau, ils gonflaient et remontaient à la surface.

Cela signifie que vos dons sont comme ce pain que vous jetez à l'eau : Vous pensez avoir perdu quelque chose alors qu'en fait, votre perte est un gain et finit par revenir à vous.

En d'autres termes « ce que vous semez reviendra un jour à vous ».

Trop souvent, lorsque nous passons par des difficultés – qu'elles soient financières, physiques ou familiales – nous avons les yeux rivés sur notre problème et nous pleurons. Nous avons une mentalité de « Qu'est-ce Dieu va bien pouvoir faire pour moi ? »

Mais nous devrions plutôt avoir une mentalité de « Qu'est-ce que je vais bien pouvoir faire pour quelqu'un ? » Une étonnante paraphrase de ce verset donne :

« *Sois généreux et investis dans des actes de charité. La charité apporte de grands retours.* » Ecclésiaste 11.1 (The message)

Ne regardez donc pas à votre *besoin* mais à votre *semence*. C'est l'un des meilleurs moyens de voir Dieu répondre à nos besoins.

Je ne dis pas que cela se fera du jour au lendemain, mais Dieu finira par agir et vous bénir. Dieu voit dans le secret ce que vous semez. Ce que vous faites pour quelqu'un, ou tout simplement votre fidélité à Dieu, détermine ce que Dieu fera un jour pour vous.

L'une des raisons pour laquelle des gens ne reçoivent pas est qu'ils ne pensent qu'à eux-mêmes. Je ne dis pas que si vous passez par des difficultés aujourd'hui, c'est parce que vous n'avez rien fait pour quelqu'un – car même les gens intègres ont des épreuves – mais comprenez comment fonctionne le royaume de Dieu.

Bien sûr, nous ne devons pas bénir quelqu'un dans l'idée de recevoir quelque chose, mais gratuitement et de bon cœur.

Sois courageux

« Ne t'ai-je pas donné cet ordre : Sois fort et courageux ? Ne t'effraie pas et ne t'épouvante pas, car l'Eternel, ton Dieu, est avec toi dans tout ce que tu entreprendras. » Josué 1.9

La vie est pleine de défis et nous aurons parfois besoin de courage pour les relever. Le courage est l'une des valeurs les plus importantes que Dieu ait donné à l'homme et parfois, nous devrons en faire preuve pour amener à l'existence les désirs qu'Il a planté dans notre cœur.

Les hommes et les femmes de la Bible qui ont accomplis de grandes choses étaient des individus courageux.

La veille de franchir le Jourdain pour gagner Canaan, le pays prospère que Dieu avait promis de donner aux hébreux, Dieu a dit à Josué, alors leader sur Israël, d'être fort et courageux, et de ne pas craindre.

La promesse était réelle et Dieu était avec eux, mais, tout puissant et fidèle qu'Il était, rien n'aurait pu s'accomplir si Josué et le peuple avaient manqué de courage.

Dieu vous présentera parfois des situations mais vous devrez faire preuve de hardiesse pour amener à l'existence cette bénédiction. Il fera Sa part mais vous devrez aussi faire la vôtre.

Certaines personnes ne voient pas certains rêves s'accomplir à cause de la peur et du manque de courage.

Un pasteur raconta un jour l'histoire suivante. Il y avait dans une église un célibataire de 30 ans nommé Marcel. Les gens l'encourageaient et disaient « Part à la pêche et marie-toi », mais Marcel était trop timide et n'osait pas aborder une femme. Puis les années passèrent et Marcel avait 35, 40, 50 puis 60 ans. Mais malgré les encouragements incessants des ouailles, il était toujours célibataire. Finalement, Marcel est mort sans avoir trouvé l'amour car sa timidité l'empêchait d'aller compter fleurette à une soeur. Il était sauvé, gloire à Dieu, mais il n'a jamais franchi son *Jourdain* et conquis son *Canaan*.

Nous avons besoin de courage pour surmonter nos craintes et faire ce que nous sommes supposés faire.

Nous en avons besoin pour gronder nos enfants quand ils font des bêtises, et ne pas revenir sur notre punition. Nous en avons besoin pour les encourager et leur dire que nous les aimons. Nous en avons besoin pour prêcher, imposer les mains, évangéliser, assumer un nouveau poste. Bref, pour tout !

Faire preuve de courage ne signifie pas que les sentiments de crainte partiront, mais vous pourrez au moins faire ce que vous êtes supposé faire, et cela marchera.

Personnellement, je n'ai jamais crains d'imposer les mains aux malades afin qu'ils soient guéris, et presque tous les non croyants pour qui j'ai prié l'ont étés. Mais imposer les mains à une personne pour qu'elle soit remplie du Saint Esprit m'effrayait. Je craignais de ne pas être *professionnel,* d'être maladroit.

Un jour, je suis allé rendre visite à une amie chez laquelle séjournait une jeune convertie. Cette amie lui parlait du baptême du Saint Esprit et elle souhaitait en être remplie. Je me suis alors dis « C'est une opportunité. Saisis-là et ne recule pas. »

Je lui ai alors demandé si elle souhaitait que je prie pour elle, puis je l'ai conduit dans les Ecritures (Car la Parole éclaire notre intelligence et notre foi). Puis, après avoir prié, je l'ai encouragé à commencer à dire les mots étranges qui se poseraient naturellement sur sa langue.

Malgré notre persévérance, rien ne s'est passé et nous avons clos cette soirée un peu déçus. Mais le surlendemain, j'ai retrouvé cette femme et elle m'a dit « Hier, alors que je conduisais, j'ai essayé de parler en langues et ma bouche s'est ouverte comme un robinet à grandes eaux, et je n'ai pas cessé de parler en langues. »

J'ai été très encouragé de voir que je pouvais conduire quelqu'un à être rempli du Saint Esprit, mais cela n'aurait pas fonctionné si je m'étais aligné au niveau de mes craintes, si j'avais dis « Je ne m'en sens pas capable. Je laisse ça à d'autres. »

Pour être honnête, je redoute toujours un peu de devoir faire à nouveau cela, mais je ne laisserai jamais mes craintes m'arrêter, car l'Eternel m'a dit d'être fort et courageux.

Après tout, que risque-t-on à se tromper ? Nous *prendre une veste,* tout au plus. Et alors ? Il n'y a pas mort d'homme.

De toute manière, nous ne saurons jamais si une chose marche, ou comment la faire, tant que nous n'aurons pas essayé. Ceux qui n'essayent rien par crainte d'échouer ne font rien. Ils ne se trompent peut-être jamais, certes, mais ils ne font jamais rien non plus.

En fait, plus nous nous exerçons à une chose, et plus le Saint Esprit va nous enseigner à la faire correctement. Il ne nous enseignera jamais tant que, par la foi, nous n'aurons pas commencé.

Par exemple, si vous vous sentez appelé à prêcher, le Seigneur va vous préparer au préalable avec un peu de théorie, mais vous ne saurez jamais vraiment prêcher tant que, par la pratique assidue, vous ne vous y serez pas mis.

Vous ne devez donc pas craindre l'échec, car Dieu vous construit aussi au travers de l'échec. La théorie, aussi bonne soit-elle, ne pourra jamais remplacer la pratique.

Investissez dans les bonnes personnes

« Ce que tu as appris de moi en présence de nombreux témoins, confie-le à des hommes fidèles qui seront eux-mêmes capables de l'enseigner encore à d'autres. »
2 Timothée 2.2

Il n'y a rien de plus gratifiant dans la vie que d'aider une personne à devenir ce que Dieu a prévu qu'elle soit. Tout au long de votre vie, le Seigneur placera des gens sur votre route et – tout comme un investisseur investit dans une entreprise en laquelle il croit – vous pourrez investir en eux.

Seulement, toutes les personnes qui se trouvent sur votre route ne sont pas des personnes dans lesquelles vous pouvez investir.

L'une des raisons pour laquelle nous ne portons pas le fruit désiré dans notre vie est que nous ne savons pas reconnaître les personnes dans lesquelles investir.

Le Seigneur veut donc vous donner la sagesse de reconnaître les personnes dans lesquelles vous pouvez investir votre temps, vos prières, et même soutenir financièrement ; une personne dont vous serrez le mentor, que vous pourrez suivre et conseiller.

Avant d'envoyer Ses disciples en mission, Jésus leur donna ce conseil plein de sagesse :

« Lorsqu'on ne vous recevra pas et qu'on n'écoutera pas vos paroles, sortez de cette maison ou de cette ville, et secouez la poussière de vos pieds. » Matthieu 10.14

Certaines personnes n'ont pas un cœur disponible à Dieu, elles ne veulent pas vraiment Le suivre, ou tout simplement, elles veulent juste profiter de votre gentillesse et vous manipuler.

D'autres encore semblent gentilles mais elles sont en fait *gentiment indifférentes*. Elles ne sont pas méchantes et ne s'opposent pas à vous, mais elles se fichent complètement de ce que vous avez à leur dire. La gentillesse n'est pas un critère pour reconnaître une bonne personne.

D'autres enfin sont de bonnes personnes, mais ce que vous avez à leur offrir ne correspond pas à leurs attentes. Ne vous sentez pas vexé, mais vous n'êtes peut-être pas la réponse à leur problème.

Le temps que vous consacrez à vouloir changer des gens qui ne veulent pas changer, convaincre ceux qui ne souhaitent pas l'être, ou servir des gens sur lesquels Dieu ne vous a pas établi, est du temps que vous ne consacrerez pas aux relations qui valent vraiment la peine. Cela conduira aussi à la frustration et même à la lassitude des choses de Dieu, car travailler dur sans porter le fruit escompté est fatigant et décourageant.

Faites donc preuve de sagesse et portez votre poids sur les relations susceptibles de porter du fruit. Faites-vous une liste restreinte et réaliste, mentale ou écrite, des bonnes personnes, et investissez en elles.

Nous reconnaissons les bonnes personnes à ceci qu'elles veulent ce que nous avons à leur donner. Nous le voyons à leur attitude : elles boivent vos paroles, vous sont reconnaissantes, vous donnent leurs coordonnées, vous posent des questions, suivent vos conseils, etc. Bref, elles sont vraiment dans une position de demande.

Vous les reconnaissez aussi au fait qu'elles veulent aller de l'avant avec Jésus et qu'elles font preuve de bonne volonté. Il ne s'agit pas nécessairement de personnes *parfaites*, certaines présentent de gros défauts de caractère ou sont encore liées à des addictions, mais elles sont très demandeuses sur le plan de la foi.

Vous pourrez alors passer du temps à les enseigner dans la foi, les reprendre honnêtement même si cela les blesse, prier pour elles. Vous pourrez aussi les assister financièrement s'il le faut, mais dans une mesure raisonnable afin que vous ne deveniez pas leur *Dieu* et qu'elles continuent à s'attendre à Dieu par elles-mêmes.

Enfin, d'autres personnes dans lesquelles nous devons investir sont les membres directs de notre famille, comme nos enfants ou notre conjoint. Et là, mes amis, nous n'avons pas le choix, même s'ils nous tapent sur les nerfs.

Vous devez investir en eux et chercher à leur donner le meilleur, autant que cela dépend de vous.

« Si quelqu'un n'a pas soin des siens, et principalement ceux de sa propre famille, il a renié la foi, il est pire qu'un infidèle » 1 Timothée 5.8

Je ne dis pas que nous devions vivre leur vie à leur place, ou devenir étouffant, mais nous devons faire notre part et du mieux que nous le pouvons.

Chez mon épicier vietnamien, il y a une affiche publicitaire que j'aime beaucoup. Une petite asiatique mange un bol de riz et une phrase dit « Choisissez le meilleur pour vos bien-aimés. »

Soyez créatif et inventif, et voyez de quelle manière vous pouvez vous y prendre pour leur offrir ce que vous avez de mieux. N'attendez pas qu'un ange du Ciel descende et fasse tout à votre place.

Parfois enfin, lorsqu'une relation semble ne pas avancer, la meilleure chose à faire sera précisément de ne rien faire. Mais cela restera un investissement car votre attitude résulte de la foi.

Enfin, un bon moyen d'investir sera de donner l'exemple. Les gens ne vous écouteront pas toujours mais ils reviendront tout au tard à ce qu'ils vous ont vu faire. Si vos enfants s'écartent de la foi mais que vous marchiez droitement devant Dieu, ils finiront par vous suivre car on revient toujours aux enseignements de son père (Proverbes 22.6).

L'intégrité qui mène à la faveur

Nous vivons dans un monde contaminé par le péché et il est facile de se laisser entraîner, mais nous devons rester intègres. Considérez le poisson de mer : il vit dans une eau salée mais sa chaire reste douce. Le sel n'entre pas en lui.

En restant intègre, nous nous exposons à la faveur de Dieu. Nous voyons cela chez Mardochée, le tonton bienveillant d'Ester.

Mardochée était un juif pieux qui travaillait à la cour du roi Perse. Un jour, deux serviteurs du roi montèrent un complot et tentèrent de tuer le roi. Mais Mardochée, bien qu'il désapprouvait l'attitude des perses à l'égard des juifs, respectait l'autorité du pays, et il démasqua le complot des deux serviteurs. Ils furent alors arrêtés puis tués, et le roi eut la vie sauve.

A la même période, le 1er ministre Haman réussi aussi à faire voter une loi pour exterminer les juifs un jour spécifique.

Une nuit, le roi ne parvenait à dormir et entreprit de consulter les archives du royaume. Il y apprit comment Mardochée avait démasqué le complot des serviteurs et avait ainsi sauvé sa vie.

« ...Mardochée avait dénoncé leur complot. Alors le roi demanda : De quelle manière Mardochée a-t-il été récompensé pour cela ?» Esther 6.3

Le roi établit alors Mardochée comme 1er ministre puissant à la place d'Haman. La fourberie d'Haman fut découverte et il fut tué. Mardochée se servit de sa position pour épargner les juifs de l'extermination et ceux-ci devinrent à leur tour matériellement prospères.

Comment Mardochée a-t-il pu bénéficier de la faveur de Dieu et de ce roi impie ? Grâce à son intégrité !

Mardochée fut grandement éprouvé dans son âme, puisqu'on voulait le tuer, ainsi que le peuple, mais il resta intègre et honora les autorités. L'Eternel fit alors en sorte que le roi ne parvienne pas à dormir et planta dans son cœur de consulter les archives de royaume.

Comme Mardochée, lorsque nous sommes intègres, le Seigneur orchestre secrètement les situations à notre avantage et finit même par disposer le cœur de nos ennemis en notre faveur.

« Lorsque Dieu est favorable aux voies d'un homme, il dispose favorablement à son égard même ses ennemis. » Proverbes 16.7

Les « archives du royaume » me parlent aussi : C'est comme si Dieu consignait dans un livre toutes ces fois où nous aurions pu faire des bêtises, lire ou regarder de mauvaises choses, mais où nous avons choisi de ne pas le faire.

Ne pensez pas que le Seigneur soit indifférent à tous ces petits actes de bienveillance ou d'honnêteté que vous faites, mais Il en prend note. Il voit aussi toutes ces fois où vous avez souffert injustement mais où, malgré tout, vous êtes resté intègre.

Considérez aussi Job. Dieu était très enthousiaste à son sujet et à trois reprises Il a vanté son intégrité :

« L'Eternel dit à Satan : As-tu remarqué mon serviteur Job ? Il n'y a personne comme lui sur la terre. C'est un homme intègre et droit, qui craint Dieu et s'écarte du mal. » Job 1.8 (voir aussi Job 1.1; Job 2.3)

En peu de temps, il a perdu ses enfants, ses richesses, sa santé. Sa femme lui a dit « Tu es intègre et voilà ce qui t'arrive, alors profite-en. Renie Dieu et faites toutes les bêtises que tu veux. Pourquoi te priver ? » Mais il est resté intègre.

Au bout de neuf mois, pensent des érudits, Dieu l'a rétablit dans sa santé. Il a eu de nombreux enfants et Dieu l'a financièrement béni bien plus qu'avant (Job 42).

Voyez-vous, Job ou Mardochée n'ont pas fait du *combat spirituel* pour vaincre Satan, mais ils l'ont vaincu grâce à leur intégrité.

Mardochée et Job ont passé et réussit les tests de Dieu. Ces épreuves douloureuses ne venaient pas de Lui, mais Il les a utilisées pour mesurer leur intégrité et voir comment ils réagiraient. Elles étaient des opportunités divines pour leur permettre de planter en terre des semences d'intégrité et récolter plus tard.

On ne peut pas dire qu'une personne soit intègre tant qu'elle n'a pas été éprouvée et qu'elle n'a pas eu l'occasion de le démontrer. Nous ne sommes pas intègres quand tout va dans notre sens, mais lorsque, devant les tentations, comme Job et Mardochée, nous continuons de faire ce qui nous semble juste.

Selon les désirs de ton cœur

Le Seigneur aime bénir l'homme et intervenir dans sa vie mais, bien qu'Il soit Dieu, Il reste tributaire des désirs de son cœur et ne lui donne jamais au-delà de ce à quoi Il aspire. Il pénètre les profondeurs de notre être et agit en proportion de l'intérêt que nous portons pour les choses de la vie.

Nous pensons parfois « Si Dieu veut faire ceci ou cela, Il le fera car Il est Dieu », ou « Il est Dieu et sait mieux que moi ce qu'il faut, je Le laisse choisir. » Cela est en partie vrai et en partie faux.

Vous avez une volonté propre que Dieu respecte et honore. La question ne sera donc pas « Qu'est-ce que Dieu veut ? », mais « Qu'est-ce que **je** veux ? », « Quels sont les désirs de **mon** cœur.»

Tout commence dans notre cœur et Dieu ne nous donnera pas une chose avant que nous ne l'ayons pleinement désirée. Et parfois, avant de la donner, Il S'arrangera pour faire naître en nous le désir de cette chose.

Nous déterminons ce que Dieu va nous donner, et dans quelles proportions.

« Fais de l'Eternel tes délices et il te donnera ce que ton cœur désire. »
Psaumes 37.4

Le mot « désir » fait souvent peur aux gens qui s'interdisent d'aspirer à de bonnes choses. Un esprit de culpabilité les étreint et leur reproche d'être égoïstes ou matérialistes. Mais il n'y a rien de répréhensible dans le fait d'avoir des désirs, sans quoi la Bible n'en ferait pas mention.

Dans la mesure où vous faites de l'Eternel vos délices et que vous vous efforcez de mener une vie droite, il n'y a aucune raison à ce que Dieu ne réponde aux désirs de votre cœur. Voyez maintenant la vie de Jéroboam :

Le roi Salomon s'était détourné de l'Eternel et conduisait le peuple vers l'idolâtrie. L'Eternel entreprit donc de lui arracher la royauté et de la donner à Jéroboam, l'un de ses proches serviteurs. Dieu lui dit par la bouche d'un prophète :

« Je te prendrai, et tu règneras sur tout ce que ton âme désirera,
tu seras roi d'Israël. » 1 Rois 11.37

L'étendue du règne de Jéroboam et la satisfaction de ses désirs pour le peuple n'aurait pour limites que celles qu'il se serait fixées.

En Christ, nous sommes tous appelés à exercer un règne spirituel (1 Pierre 2.9) et Dieu est attentif aux désirs du cœur des rois que nous sommes aussi bien qu'Il était attentif à ceux de Jéroboam. Une autre traduction donne :

« *Quant à toi, Jéroboam, je t'accorde la royauté, comme tu le désires...* » 1 Rois 11.37 (FC)

S'il est vrai que Dieu consacre un homme dès le sein de sa mère, Il agit cependant en accord avec son intérêt pour un domaine spécifique. Dieu avait choisi Jéroboam, certes, mais je pense que Dieu l'a choisi parce qu'il désirait secrètement la royauté.

Jéroboam avait toujours manifesté un fort intérêt pour le leadership. Cela apparaît d'une manière plus évidente après une étude attentive de sa vie :

« *...Jéroboam était un homme de valeur ; Salomon remarqua qu'il faisait bien son travail et il le désigna comme surveillant des ouvriers des tribus d'Ephraïm et de Manassé.* » 1 Rois 11.28

Jéroboam occupait une fonction en rapport avec le leadership bien avant que Dieu ne l'appelle à la royauté. Cela signifie qu'il aspirait tellement à la gestion des ressources humaines que tout dans ses pensées et ses actes le portait à faire cela. Dieu a vu son zèle et l'a honoré.

Nous nous demandons parfois « Quelle est la volonté de Dieu pour ma vie ? », « Dois-je être dans le ministère ou simple laïc ? », « Dois-je me marier ou rester célibataire ? ». Mais ce à quoi aspirent nos cœurs désigne ce que nous chérissons et, de fait, ce que Dieu veux faire.

Enfin, une autre chose leçon que Dieu nous enseigne au travers de Jéroboam, puisque les histoires de la Bible nous sont données pour notre instruction, est que nous devons commencer à bouger dans le sens de ce qui nous passionne.

Dieu a accordé la royauté à Jéroboam parce qu'il avait commencé, par la foi, à exercer une activité en rapport avec le leadership. Salomon l'a établi comme *responsable des ressources humaines* parce qu'il avait remarqué son zèle et son amour pour ce travail.

Vous devez comprendre ce principe fondamental : Dieu n'utilise pas et ne bénit pas ceux qui *pensent* ou qui *souhaitent* seulement, mais ceux qui sont déjà en mouvement.

Quelque soit la chose à laquelle vous aspirez, vous devez commencer à bouger dans le sens de ce qui vous passionne. Dieu suscite un appel chez l'homme lorsqu'il a commencé à se mettre à la tâche, jamais avant. Si vous souhaitez être chanteur, commencez à prendre des cours de chant. Si vous souhaitez monter une entreprise, commencez par apprendre la gestion, ou à diriger de petits groupes d'hommes, etc.

Sa volonté se fera plus claire seulement lorsque vous vous montrerez actifs et que vous ne serez pas seulement en train d'y réfléchir.

Enfin, être attentif aux désirs de notre cœur va nous aider à faire des prières spécifiques. Dieu aime les prières précises.

« ...que veux-tu que je te fasse ?...» Luc 18.41

Rester fidèle dans les temps de désert

« Beaucoup proclament leur bonté, mais un homme fidèle, qui le trouvera ? »
Proverbes 20.6

C'est une joie pour le Seigneur de pourvoir à nos besoins car Il est un Père bienveillant. Seulement, et pour des raisons que Lui seul connaît, certaines promesses semblent plus longues à se réaliser. Il est alors facile de perdre patience puis de faire du compromis. Mais nous devons rester fidèle et intègre jusqu'à la victoire.

En fait, Dieu utilise les difficultés de la vie pour mesurer notre attachement à Lui, et c'est à l'issue d'un caractère finement éprouvé que nous ferons une avancée majeure dans notre vie.

Dieu avait fait la promesse à Joseph d'en faire un homme puissant et influent, mais il est devenu esclave. Puis, au bout de quatorze ans, Dieu a ouvert les portes et tous ses problèmes se sont résolus. Il est devenu un leader riche et puissant, il s'est réconcilié avec sa famille et il a trouvé l'amour d'une femme.

Joseph croyait en Dieu mais Ses promesses ne se sont pas réalisées du jour au lendemain. Elles n'ont prit forme qu'au terme de nombreuses années de fidélité et d'intégrité. La foi que Dieu a honorée n'est pas celle qui *déplace les montagnes* en vue d'un résultat immédiat mais celle qui dit « Seigneur, je t'aime avant tout pour *qui tu es*, et non pour ce que tu peux *faire* pour moi. Je te serai fidèle en toutes circonstances, bonnes ou mauvaises, car le simple fait de te connaître me réjouit. »

La foi que Dieu nous demandera parfois de libérer ne sera pas celle qui *obtient instantanément*, mais celle qui reste fidèle et qui ne prend pas de raccourcis.

En fait, *foi* et *fidélité* sont si proches que les traducteurs ne savent pas toujours comment les traduire. Par exemple, dans certaines versions, Habacuc 2.4 donne *« le juste vivra par la FIDELITE »* (Bible de Jérusalem), tandis d'autres donnent *« le juste vivra par la FOI »* (Louis Segond). Et au sujet du fruit de l'esprit, Galates 5.22 dit *« mais le fruit de l'esprit, c'est...la FIDELITE»* (Osty), mais d'autres versions donnent *« mais le fruit de l'Esprit, c'est...la FOI »* (Louis Segond).

Certains traducteurs ont résolu le problème en les citant l'un et l'autre :

« Regarde l'orgueilleux, son âme n'est pas droite en lui...mais le juste vivra par sa foi et sa fidélité. » Habacuc 2.4 (Amplified Bible)

Le terme originel est *Pistis* et provient de la traduction grecque – la Septante – de la Bible hébraïque. *Pistis* est très proche du terme hébreu originel *Emunah*, et désigne tout à la fois *fidélité* et *foi*. Nos langues contemporaines utilisent deux termes différents car, dans notre pensée moderne, il s'agit de deux choses distinctes, mais dans la pensée divine, elles sont indissociables et vont de paire.

Si nous avons la foi nous Lui serons alors fidèles en toutes circonstances. Nous ne magouillerons pas dans les finances dans les temps de vaches maigres, nous resterons fidèles à notre conjoint si nous sommes éloignés un temps, nous resterons sexuellement purs jusqu'au mariage.

En fait, les temps de déserts nous sont donnés par Dieu pour nous remplir de Son Esprit de sorte que, au jour de Son intervention miraculeuse dans notre vie, nous ayons suffisamment d'onction pour amener à l'existence ce miracle. Jésus nous enseigne cela dans la parabole des dix vierges.

Il enseigne que le royaume des cieux est semblable à dix vierges qui attendent l'époux, mais dont la venue semble tarder. Cinq d'entre-elles, la nuit venant, furent sages et prirent une réserve suffisante d'huile pour alimenter leur lampe, mais cinq autres furent folles et n'en prirent pas. De fait, lorsque l'époux vint dans la nuit, les cinq sages purent aller à sa rencontre et rentrer avec lui dans la salle des noces, mais les cinq folles ne le purent et il leur fut interdit d'entrer (Matthieu 25.1-13).

Jésus parle ici de Son retour à la fin des temps, mais nous y trouvons aussi une application pour notre marche quotidienne. Lorsque le « miracle de sa venue » semble tarder dans un domaine, certains tombent dans l'apathie spirituelle ou le compromis, mais d'autres ne cessent d'alimenter leur vie du Saint Esprit par une communion continuelle avec Lui.

Ainsi, dans les temps de déserts, plus que jamais, nous devons continuer à sanctifier nos vies, croire, être zélés et déclarer Sa Parole. Ce ne sont pas des moments perdus mais des opportunités de Dieu pour nous remplir de Lui en vue du miracle promis, car Dieu ne bénit pas les outres vides. Nous ne devons pas agir en fonction de ce que nous *voulons* faire, comme le firent les vierges folles, mais de ce qui nous semble juste.

Enfin, l'une des raisons pour laquelle Dieu semble parfois long à répondre est qu'Il veut tout d'abord nous apprendre le contentement. Il veut que nous apprenions à être heureux et satisfait avec ce que nous avons, et sur la simple base du fait que nous soyons sauvé. Paul dit :

« ...j'ai en effet appris à me contenter toujours de ce que j'ai...j'ai appris à être satisfait partout et en toute circonstance... » Philippiens 4.11-12

Le bonheur ne dépend pas des situations, c'est d'abord une attitude intérieure. Si vous ne savez pas être heureux avec ce que vous avez sur le moment, vous ne le serez jamais dans l'abondance. Si vous ne l'êtes pas dans le célibat, vous ne le serez pas marié. Si vous ne l'êtes pas avec peu de moyens, vous ne le serez pas dans la richesse. Dieu veut donc répondre à vos besoins au-delà de toute limite mais Il veut d'abord vous apprendre à jouir de votre vie avec ce qui est à vous aujourd'hui.

Sommaire

Aimez ce jour 3
Vivre un jour à la fois... 6
Soyez vous-même ! 8
Se dégager de l'étreinte du contrôle 11
Expérimenter le repos de l'âme.. 14
Suivre la bonne image 16
Semer dans la souffrance, récolter dans la joie.. 19
Marcher avec assurance.. 22
Croyez en vous.. 25
Chaque jour un nouveau départ.. 27
Ne cédez pas à la crainte... 30
Portez du fruit là où vous êtes... 32
Provocateur de destinée.. 34
Parler le langage des disciples.. 36
Traiter les gens avec honneur... 39
Ecoute ton cœur... 42
Elever son niveau d'expectative... 45
Êtes-vous prêt pour le changement ?.. 48
Ayez des attentes réalistes au sujet des gens.. 50
Développer des relations saines avec les autres... 53
Apprenez à voir le meilleur en chacun 56
Vivre libre du stress.. 59
Reconnaissez les bonnes batailles 62
Reprogrammez votre ordinateur mental... 65
Sortez, bougez et changez-vous les idées !.. 68
Traiter l'esprit de rejet... 70
Traiter la susceptibilité.. 73
Ne vous comparez plus aux autres... 76

Donnez un bon départ à vos journées..79
Honorer Dieu avec son corps..81
Traiter une nature conflictuelle..84
Se dégager des relations toxiques..87
Développer un esprit respectueux..90
Cessez de vous blâmer...93
Cessez de maudire votre vie par vos paroles..96
Libérer notre appel par la discipline..98
Ne prenez pas tous les « non » pour des « non »..101
Faites de vos circonstances votre opportunité...104
Révolutionnez votre âme...107
Vivre passionnément 110
Ne négligez pas la puissance des petits changements..113
Imitez l'aigle et poussez sur vos ailes...115
Ne laissez pas l'amertume prendre racine...118
Faites de votre journée un miracle...121
Sois courageux...123
Investissez dans les bonnes personnes..126
L'intégrité qui mène à la faveur..129
Selon les désirs de ton cœur..131
Rester fidèle dans les temps de désert...134

i want morebooks!

Oui, je veux morebooks!

Buy your books fast and straightforward online - at one of world's fastest growing online book stores! Environmentally sound due to Print-on-Demand technologies.

Buy your books online at
www.get-morebooks.com

Achetez vos livres en ligne, vite et bien, sur l'une des librairies en ligne les plus performantes au monde!
En protégeant nos ressources et notre environnement grâce à l'impression à la demande.

La librairie en ligne pour acheter plus vite
www.morebooks.fr

VDM Verlagsservicegesellschaft mbH
Heinrich-Böcking-Str. 6-8
D - 66121 Saarbrücken

Telefon: +49 681 3720 174
Telefax: +49 681 3720 1749

info@vdm-vsg.de
www.vdm-vsg.de

www.ingramcontent.com/pod-product-compliance
Lightning Source LLC
Chambersburg PA
CBHW021759230426
43669CB00006B/135